Vorzeitige Beendigung
von Finanzierungen
Rating von Unternehmen

Bankrechtstag 1996

BrV 8

Schriftenreihe der Bankrechtlichen Vereinigung

herausgegeben von

Walther Hadding, Mainz
Klaus J. Hopt, Hamburg
Herbert Schimansky, Karlsruhe

Band 8

Walter de Gruyter · Berlin · New York

Vorzeitige Beendigung von Finanzierungen
Rating von Unternehmen

Bankrechtstag 1996

1997
Walter de Gruyter · Berlin · New York

♾ Gedruckt auf säurefreiem Papier, das die US-ANSI-Norm über Haltbarkeit erfüllt.

Die Deutsche Bibliothek – CIP-Einheitsaufnahme

Vorzeitige Beendigung von Finanzierungen . Rating von Unternehmen . Bankrechtstag 1996. – Berlin ; New York : de Gruyter, 1997
(Schriftenreihe der Bankrechtlichen Vereinigung ; Bd. 8)
ISBN 3-11-015671-7

Printed in Germany
Druck: WB-Druck, Rieden
Buchbinderische Verarbeitung: Mikolai, Berlin
Umschlaggestaltung: Angela Dobrick, Hamburg

Vorwort

"Rechtsfragen der vorzeitigen Beendigung von Finanzierungen" und "Rechtsfragen des Rating von Unternehmen" - zu diesen beiden besonders schwierigen und umstrittenen Themenbereichen sind während des Bankrechtstags 1996 in Hamburg am 28.6. Vorträge gehalten worden, die in dem vorliegenden Band zugänglich gemacht werden. Im einzelnen ist über den Bankrechtstag 1996 - einschließlich der Diskussion - inzwischen ausführlich berichtet worden, insbesondere von *Frank Wenzel* (WM 1996, 1605 ff.) und *Jochen Mues* (ZBB 1996, 152 ff.) Zur damals noch offenen Frage der Vereinbarung eines sogenannten Vorfälligkeitsentgelts hatte nunmehr der XI. Zivilsenat des Bundesgerichtshofs anläßlich einer Klage auf Rückerstattung eines unverbrauchten Disagios die Gelegenheit, in seinem Urteil vom 8.10.1996 - XI. ZR 283/95 - (WM 1996, 2047) die grundsätzliche Zulässigkeit einer solchen Abrede zu bestätigen und zur Höhe die Kumulation von "Zinsmargenschaden" und "Zinsverschlechterungsschaden" anzuerkennen (vgl. dazu *Frank Wenzel*, Die Bank 1/97, 43 ff.). Diese höchstrichterliche Präsizierung zur Erstattung eines unverbrauchten Disagios und Klärung für einen Teilbereich der Vorfälligkeitsentschädigung illustriert, wie aktuell die - noch eine Vielzahl weiterer Probleme erörternden - hier abgedruckten Vorträge sind. Sie sind à jour gebracht und mit Hinweisen versehen.

Vorstand und Kuratorium der "Bankrechtliche Vereinigung - Wissenschaftliche Gesellschaft für Bankrecht e.V." sagen den Vortragenden, die sich wie stets ohne Vergütung zur Verfügung gestellt haben, nochmals besonderen Dank. Die Drucklegung hat Frau I. Stahl besorgt unter Mithilfe von Herrn Wiss. Ass. D.H. Bliesener, beide Max-Planck-Institut für ausländisches und internationales Privatrecht, Hamburg. Auch ihnen beiden gilt unser herzlicher Dank.

Mainz, Hamburg, Karlsruhe
im Januar 1997

Hadding, Hopt, Schimansky

Inhaltsverzeichnis

I. Abteilung:
Rechtsfragen der vorzeitigen Beendigung von Finanzierungen

Leitung: *Karl-Dietrich Bundschuh*,
Vorsitzender Richter am Bundesgerichtshof i.R.

Nichtabnahmeentschädigung und Vorfälligkeitsvergütung bei Darlehen mit fester Laufzeit*

Professor *Dr. Dr. h.c. mult. Claus-Wilhelm Canaris*
Ludwig-Maximilians-Universität München

Inhaltsübersicht

---

* Die Vortragsform ist im wesentlichen beibehalten, doch ist der Beitrag um eine Reihe von Passagen ergänzt worden, die ich aus Zeitgründen weggelassen oder nur in der Diskussion angesprochen habe.

I. Eingrenzung des Themas

Das Thema, das mir der Vorstand der Bankrechtlichen Vereinigung gestellt hat, ist dankenswerterweise sehr allgemein und vage gefaßt. Denn die Formulierung "Die rechtliche Problematik der vorzeitigen Beendigung von Finanzierungen" läßt vielfältige Varianten der Konkretisierung zu. Der Sinn dieser Art von Themenstellung besteht naheliegenderweise darin, die Möglichkeit offenzuhalten, den Schwerpunkt des Vortrags auf besonders aktuelle Probleme zu legen. Demgemäß habe ich, wie Sie der Ihnen vorliegenden Gliederung entnehmen können, die Frage in den Mittelpunkt gestellt, welche Zahlungen der Kreditnehmer an die Bank zu entrichten hat, wenn er ein vereinbartes Darlehen entweder nicht abnimmt oder vorzeitig zurückzahlt[1]. Ich hoffe, daß das Ihren Erwartungen entspricht.

Dabei werde ich mich, wie ebenfalls meiner Gliederung zu entnehmen ist, auf solche Darlehen konzentrieren, die eine feste Laufzeit haben. Das soll bedeuten, daß weder der Vertrag noch das Gesetz ein Recht zur ordentlichen Kündigung des Darlehens durch den Kreditnehmer vorsehen. Daraus folgt zugleich, daß der Zinssatz für die Laufzeit des Darlehens unveränderlich ist, da dem Kreditnehmer anderenfalls nach § 609a II BGB ein Recht zur Kündigung mit einer Frist von drei Monaten zusteht. Zwar kann sich die Problematik der Nichtabnahme und der vorzeitigen Rückzahlung natürlich auch bei kündbaren Darlehen stellen, doch ist ihre prakti-

---

1 In diesem Sinne ist daher nunmehr der Titel des Beitrags von vornherein präzisiert.

sche Bedeutung dabei so viel geringer, daß man diese Konstellation im Hinblick auf die Kürze der zur Verfügung stehenden Zeit getrost ausklammern darf.

Zur Eingrenzung des Themas gehört schließlich noch der Hinweis, daß ich in erster Linie solche Darlehen im Auge habe, die grundpfandrechtlich gesichert sind. Schlechterdings konstitutiv für die Problemstellung ist diese Voraussetzung jedoch nicht, so daß man andere Arten der Sicherung nicht gänzlich aus dem Blickfeld lassen sollte.

II. Die Problematik eines Rechts des Kreditnehmers zu vorzeitiger Lösung von einem Darlehensvertrag mit fester Laufzeit

1. Die wichtigsten Fallgruppen

Der rechtstatsächliche Hintergrund dieser Problematik ist Ihnen allen geläufig und braucht daher nur ganz kurz in Erinnerung gerufen zu werden. Es sind im wesentlichen vier Fallgruppen, bei denen der Kreditnehmer typischerweise ein Interesse daran haben kann, ein verbindlich vereinbartes Darlehen nicht abzunehmen oder vorzeitig zurückzuzahlen.

a) Sinken des Zinsniveaus

Zu denken ist zunächst an ein Sinken des Zinsniveaus. Hier kann eine Lösung vom Darlehensvertrag für den Kreditnehmer auch dann, wenn er der Bank dafür einen mehr oder weniger hohen Geldbetrag zu zahlen hat, vor allem deshalb von Interesse sein, weil er sich u.U. den derzeitigen niedrigen Zins durch eine Umschuldung für einen längeren Zeitraum, d.h. über das Ende des laufenden Darlehensvertrags hinaus sichern und also erneut einen Kredit mit festem, jedoch niedrigerem Zinssatz und späterer Endfälligkeit aufnehmen will.

b) Erlangung freier Liquidität durch den Kreditnehmer

In Betracht kommt des weiteren, daß der Kreditnehmer unverhofft freie Liquidität erlangt, also z.B. den sprichwörtlichen Lottogewinn oder eine Erbschaft macht. Oft wird es für ihn dann günstiger sein, diese Mittel zur

Rückzahlung des laufenden Darlehens zu verwenden als sie seinerseits irgendwie anzulegen.

c) Scheitern des zu finanzierenden Projekts

Möglich ist zum dritten, daß der Kreditnehmer das Darlehen nicht mehr braucht, weil das zu finanzierende Projekt gescheitert ist. Man denke etwa daran, daß er sich mit dem Geld an einer Gesellschaft oder an einem Bauvorhaben beteiligen wollte und diese nun nicht zustande kommen. Meist wird ein solches Ereignis schon vor Auszahlung der Valuta eintreten, so daß es lediglich um die Problematik der Nichtabnahme des Darlehens geht, doch ist es auch durchaus vorstellbar, daß dieses bereits ausgezahlt ist.

d) Veräußerung des finanzierten Objekts

Juristisch am interessantesten ist die vierte Fallgruppe, die dadurch gekennzeichnet ist, daß der Kreditnehmer das finanzierte Objekt veräußern möchte. Meist geht es dabei um den Verkauf eines Hauses, das der potentielle Erwerber nur lastenfrei zu kaufen bereit ist. Die Gründe für die Verkaufsabsicht des Darlehensnehmers sind vielfältig. So mag es sein, daß der Kreditnehmer die Chance hat, derzeit einen besonders günstigen Preis für das Objekt zu erzielen. Es kann aber auch sein, daß er das Haus wegen eines Umzugs in eine andere Stadt nicht mehr benötigt oder daß er sich wegen mißlicher Umstände wie Ehescheidung, Verlust des Arbeitsplatzes und dgl. von diesem trennen muß.

2. Die in Betracht kommenden Mittel zu einer vorzeitigen Vertragsauflösung

In allen derartigen Fällen stellt sich zunächst die Frage, ob dem Kreditnehmer trotz Fehlens eines Rechts zur ordentlichen Kündigung eine Möglichkeit zu einer vorzeitigen Lösung vom Vertrag zu Gebote steht.

a) Das Fehlen eines Rechts zur außerordentlichen Kündigung

Von vornherein auszuscheiden hat dabei das Recht zur außerordentlichen Kündigung aus wichtigem Grund. Zwar besteht dieses trotz Fehlens einer entsprechenden gesetzlichen Vorschrift aufgrund eines für alle Dauerschuldverhältnisse geltenden allgemeinen Rechtsgrundsatzes anerkanntermaßen auch beim Darlehen[2], doch sind seine Voraussetzungen in keiner der genannten Fallgruppen gegeben. Dabei mag dahingestellt bleiben, ob das schon deshalb gilt, weil nur solche Umstände als wichtiger Grund anzuerkennen sind, die zu einer von der anderen Partei ausgehenden erheblichen Erschütterung des Vertrauensverhältnisses geführt haben[3]. Auch wenn man diese Ansicht für zu eng hält, kann hier ein wichtiger Grund doch jedenfalls deshalb nicht angenommen werden, weil alle in Betracht kommenden Gründe für die Kündigung in der "Sphäre" des Kreditnehmers liegen. Daher ist es bei der gebotenen Abwägung der *beider*seitigen Interessen für die Bank keinesfalls zumutbar, das damit verbundene Risiko durch den vollständigen *Verlust aller ihrer Ansprüche für die Restlaufzeit des Vertrages* zu übernehmen[4] - und auf genau diese Rechtsfolge liefe ja die Zulassung einer außerordentlichen Kündigung folgerichtig hinaus.

Diese Rechtsfolge wird in der Tat offenbar allgemein als so unangemessen empfunden, daß auch die Befürworter eines weitgehenden Lösungsrechts des Kreditnehmers ihr ausweichen. Sie plädieren nämlich für ein solches nur unter der Einschränkung, daß der Kreditnehmer dem Kreditgeber einen bestimmten Betrag zu bezahlen hat.

b) Ablehnung einer Analogie zu § 649 BGB

Als eine Grundlage für eine derartige Lösung könnte vielleicht der Rechtsgedanke von § 649 BGB in Betracht kommen[5]. Nach dieser Vorschrift kann beim Werkvertrag der Besteller den Vertrag bis zur Vollendung des Werks jederzeit kündigen, wobei der Unternehmer zwar weiterhin die vereinbarte Vergütung verlangen kann, sich jedoch denjenigen Betrag anrechnen lassen muß, den er infolge der Vertragsaufhebung erspart oder zu erwerben böswillig unterläßt. Indessen scheidet eine Analogie zu dieser Vorschrift *nach* Auszahlung des Darlehens schon deshalb aus, weil sie der

---

2 Vgl. z.B. BGH WM 1980, 380, 381; *Canaris*, Bankvertragsrecht, 2. Aufl. 1981, Rdn. 1246; *Staudinger/Hopt/Mülbert*, 12. Aufl. 1989, § 609 Rdn. 34 m.w. Nachw.

3 So *Hopt/Mülbert*, aaO, § 609 Rdn. 38.

4 So i.E. auch BGH WM 1982, 185, 186.

5 Ein Ansatzpunkt in dieser Richtung findet sich z.B. bei LG Lübeck WM 1996, 577, 578.

Vollendung des Werks entspricht und § 649 BGB nach dieser ja von vornherein tatbestandlich nicht mehr einschlägig ist; denn nach der Auszahlung trifft den Kreditgeber nur noch eine Pflicht zur *Be*lassung des Darlehens, die mit der Pflicht zur Vollendung des Werks i.S. von §§ 631 I, 646, 649 BGB keinesfalls auf eine Stufe gestellt werden kann.

Darüber hinaus scheinen mir die Voraussetzungen für eine Analogie zu § 649 BGB auch *vor* der Auszahlung des Darlehens nicht gegeben zu sein. Im Schrifttum heißt es meist etwas dunkel, diese Kündigungsmöglichkeit hänge mit dem "Wesen" des Werkvertrags zusammen[6]. Damit dürfte gemeint sein, daß der Werkunternehmer eine bestimmte Aktivität zu entfalten hat und sich bis zu deren Beendigung auf die Möglichkeit anderer Aktivitäten verweisen lassen muß. Das ist in der Tat sinnvoll, weil die Kapazität des Unternehmers zur Vornahme von *Aktivitäten* naturgemäß begrenzt ist und es ihm daher letztlich gleichgültig sein kann, ob er sein Geld aus diesem oder einem anderen Werkvertrag verdient. Die Kapazität einer Bank zur *Ausreichung von Darlehen* ist dagegen grundsätzlich, d.h. abgesehen von der Erreichung der aufsichtsrechtlichen oder aus § 7 HypBankG folgenden Obergrenze, unbeschränkt, da sie das Geld entweder ohnehin schon parat hat oder sich doch zumindest jederzeit beschaffen kann. Ihre Interessenlage ähnelt daher insoweit nicht der eines Werkunternehmers, sondern weit eher der eines Verkäufers von Waren, dem gegenüber der Käufer ja auch nicht bis zu deren Übergabe analog § 649 BGB "kündigen" kann. Die Zurverfügungstellung von Geld entspricht demgemäß dem Handel mit Waren und nicht der Erbringung einer Werkleistung, so daß eine Analogie zu § 649 BGB ausscheidet.

c) Die Unzulässigkeit eines generellen Rückgriffs auf eine ergänzende Vertragsauslegung gemäß § 157 BGB

Auch vertragsimmanente Ansatzpunkte für die Entwicklung eines generellen Rechts des Kreditnehmers, sich gegen Zahlung eines bestimmten Betrages vorzeitig vom Vertrag zu lösen, sind nicht ersichtlich. Insbesondere kann man sich insoweit nicht auf eine ergänzende Vertragsauslegung gemäß § 157 BGB stützen - und zwar auch nicht für die Fälle eines Verkaufs des

6 Vgl. z.B. MünchKomm.-*Soergel*, 2. Aufl. 1988, § 649 Rdn. 1; *Palandt/ Thomas*, 55. Aufl. 1996, § 649 Rdn. 1.

mit einem Grundpfandrecht belasteten Grundstücks[7]. Denn die Praxis der Kreditinstitute ist viel zu uneinheitlich, als daß von einer entsprechenden Verkehrssitte die Rede sein könnte, und auch im übrigen fehlt es grundsätzlich an den Voraussetzungen für die Annahme einer Lücke im Vertrag. In besonders gelagerten Einzelfällen mag anders zu entscheiden sein[8], doch ändert das nichts daran, daß § 157 BGB als *genereller* Lösungsansatz hier untauglich ist.

d) Die Unanwendbarkeit der Lehre von der Geschäftsgrundlage und der Zweckvereitelung

Wo die ergänzende Vertragsauslegung versagt, hilft mitunter die Lehre von der Geschäftsgrundlage weiter. Indessen kann hier auch auf diese grundsätzlich nicht zurückgegriffen werden. Für einige der genannten Fallgruppen ist das von vornherein evident. So verwirklicht sich z.B. bei einem Absinken des Zinsniveaus genau dasjenige Risiko, welches der Kreditnehmer durch den Abschluß eines Vertrags mit fester Laufzeit und festem Zinssatz auf sich genommen hat, und daher kann er sich nach den allgemein anerkannten Regeln über die Geschäftsgrundlage jetzt nicht unter Berufung auf dieses Rechtsinstitut von dem Vertrag lösen. Gleiches gilt im Ergebnis bei den anderen Fallgruppen, da die für den Ablösungswunsch maßgeblichen Umstände durchweg in der "Sphäre" des Kreditnehmers liegen; insbesondere trifft allein diesen das Verwendungsrisiko hinsichtlich des Darlehens, wie der BGH mit Recht wiederholt ausgesprochen hat[9].

Allerdings wird für den Fall einer Veräußerung des beliehenen Grundstücks die Ansicht vertreten, darin liege "eine Zweckvereitelung infolge Wegfalls des Finanzierungssubstrats" und daher sei geradezu ein - über eine Geschäftsgrundlagenstörung noch hinausgehender - Fall der nachträglichen Unmöglichkeit gegeben[10]. Indessen vermag auch dieser Ansatz nicht zu überzeugen. Das gilt schon deshalb, weil das Grundstück ja typischerweise noch gar nicht veräußert ist und also die Erfüllung des Finanzierungszwecks bei einer Freigabeverweigerung der Bank weiterhin möglich bleibt. Außerdem hat diese ihre Pflicht zur *Über*lassung des Darlehens

7 A.A. *Reifner*, NJW 1995, 89.
8 Vgl. etwa die Beispiele bei *Derleder*, JZ 1989, 167.
9 Vgl. BGH NJW 1990, 981; 1991, 1817, 1818.
10 Vgl. *Köndgen*, Gewährung und Abwicklung grundpfandrechtlich gesicherter Kredite, 3. Aufl. 1994, S. 148 f; a.A. *Wenzel*, WM 1995, 1435.

bereits erfüllt und kann ihrer Pflicht zu dessen *Be*lassung nach wie vor ohne weiteres nachkommen, so daß auch aus diesem Grund keine Unmöglichkeit eingetreten ist. Erst recht kann von einer solchen hinsichtlich der Zinszahlungspflicht des Kreditnehmers keine Rede sein.

e) Die Problematik einer Pflicht der Bank zur Mitwirkung an einer Vertragsaufhebung gemäß § 242 BGB

Übrig bleibt somit allenfalls noch die Möglichkeit, der Bank u.U. eine Pflicht zu einer Mitwirkung an der Vertragsaufhebung aufzuerlegen und diese auf § 242 BGB zu stützen. Eine *generelle* Lösung der Problematik für alle Fallgruppen kann freilich auch darin von vornherein nicht liegen, wie wiederum das Beispiel eines bloßen Absinkens des Zinsniveaus schlagend belegt. Es gibt indessen Konstellationen, bei denen möglicherweise anders zu entscheiden ist. Als Beispiel nenne ich einstweilen nur einen - hier etwas modifizierten - Fall, den das LG Hannover zu entscheiden hatte[11]. Darin war der Kreditnehmer zu einem Verkauf des Grundstücks genötigt, weil er in größte wirtschaftliche Schwierigkeiten geraten war. Ihm bot sich die Gelegenheit zur Erzielung eines überaus günstigen Kaufpreises, der möglicherweise erheblich über dem Marktwert lag, doch bestand der potentielle Käufer auf einer vorherigen Ablösung der Grundschuld. Der Kreditnehmer bot nun der Bank die Zahlung der von dieser geforderten Vorfälligkeitsentschädigung an - freilich unter dem Vorbehalt, daß sie korrekt ermittelt sei - und verlangte dafür die Erteilung einer Löschungsbewilligung für die Grundschuld. Darf die Bank hier wirklich ihre Mitwirkung verweigern?

3. Zwischenergebnis

Damit ist der Punkt gekommen, um zunächst einmal innezuhalten und eine Zwischenbilanz zu ziehen. Diese ist - einstweilen noch - ziemlich trivial und lautet: Dem Kreditnehmer steht kein generelles Recht zur Lösung vom Kreditvertrag zu - auch nicht gegen Zahlung einer wie immer berechneten Abgeltung oder Entschädigung -, doch gibt es Sonderkonstellationen, in denen möglicherweise anders zu entscheiden ist. Deren nähere Erörterung habe ich mir für den Schluß meines Referats aufgespart, wie Sie aus Punkt V meiner Gliederung ersehen können.

11 Vgl. LG Hannover WM 1995, 192.

III. Die Nichtabnahmeentschädigung

Ich wende mich nunmehr der Problematik zu, die entsteht, wenn ein Kreditnehmer die Abnahme eines verbindlich vereinbarten, aber noch nicht ausgezahlten Darlehens ablehnt. Dabei kann ich mich verhältnismäßig kurz fassen, weil es dazu eine grundlegende BGH-Entscheidung gibt[12] und ich diese im wesentlichen für richtig halte.

1. Der Schadensersatzanspruch der Bank gemäß oder analog § 326 BGB

In dem vom BGH entschiedenen Fall ging es in erster Linie um einen Anspruch der Bank auf Schadensersatz wegen Nichterfüllung gemäß § 326 BGB. Dessen Erörterung sei demgemäß an den Anfang gestellt, zumal er gedanklich ohnehin das wichtigste Fundament für die Lösung der Problematik bildet.

a) Objektive Pflichtverletzung und Fristsetzung

Was zunächst die tatbestandlichen Voraussetzungen von § 326 BGB betrifft, so stellt sich als erstes die Frage, ob überhaupt eine Pflicht des Kreditnehmers zur Abnahme des Darlehens besteht. Diese ist grundsätzlich im Wege der Vertragsauslegung zu beantworten. Der BGH hat sie mit Recht für Grundstücksbeleihungen durch eine Hypothekenbank schon aufgrund des Anlagezwecks bejaht[13], doch sollte man darüber hinaus ganz allgemein bei allen professionellen Kreditgebern, also bei Kreditinstituten und Versicherungen grundsätzlich ebenso entscheiden[14], weil insoweit keine wesentlichen Unterschiede der Interessenlage gegeben sind. In dogmatischer Hinsicht liegt ein gewisses Problem darin, daß die Abnahmepflicht nicht im Synallagma steht[15] und § 326 BGB nach h.L. nur für die Verletzung synallagmatischer Pflichten gilt. Daraus ergibt sich indessen kein gravierender Einwand gegen die Anwendung von § 326 BGB. Die Abnahme des Darlehens ist für den Kreditgeber nämlich vor allem als Voraussetzung für die Geltendmachung eines Zinsanspruchs von Bedeutung und dieser ist

---

12 Vgl. BGH NJW 1991, 1817.
13 Vgl. BGH NJW 1991, 1817, 1818.
14 So mit Recht *Hopt/Mülbert*, aaO, § 607 Rdn. 367.
15 Vgl. *Hopt/Mülbert*, aaO, § 607 Rdn. 367 a.E.

unzweifelhaft synallagmatischer Natur, was folgerichtig für die Anwendung von § 326 BGB genügen muß.

Zu beachten ist des weiteren grundsätzlich das Erfordernis der Fristsetzung unter Ablehnungsandrohung gemäß § 326 I 1 BGB. Bei einer unmißverständlichen und endgültigen Abnahmeverweigerung entfällt es allerdings. Dogmatisch geht es dann nicht um Verzug, sondern um positive Vertragsverletzung, doch ist auf diese insoweit § 326 BGB analog anzuwenden.

b) Das Verschulden des Kreditnehmers

Mitunter wird ein Problem darin gesehen, daß den Kreditnehmer u.U. kein Verschulden an der Nichtabnahme treffe[16]. Das ist indessen praktisch kaum vorstellbar, da die Verweigerung der Abnahme vorsätzlich erfolgt. Daß der Kreditnehmer für das Darlehen etwa keine sinnvolle Verwendungsmöglichkeit mehr hat, stellt keinen Entschuldigungsgrund dar; denn die Verwendbarkeit fällt, wie gesagt, allein in seinen Risikobereich.

c) Zinsmargen- und Zinsverschlechterungsschaden

Die Rechtsfolge von § 326 BGB besteht in einem Anspruch auf Schadensersatz wegen Nichterfüllung. Insoweit unterscheidet der BGH[17] im Anschluß an *Derleder*[18] zutreffend zwischen dem Zinsmargen- und dem Zinsverschlechterungsschaden. Für die Berechnung des ersteren ist von der Differenz zwischen den vereinbarten Darlehenszinsen bis zu dem Zeitpunkt, zu dem der Kreditnehmer das Darlehen frühestens zurückzahlen könnte, und den Refinanzierungskosten der Bank auszugehen. Da die Bank die Zinsen erst zu einem späteren Zeitpunkt erhalten hätte, ist eine entsprechende Abzinsung vorzunehmen. Außerdem sind für den ersparten Verwaltungsaufwand, den eine Ausreichung des Darlehens mit sich gebracht hätte, sowie für den Wegfall des Risikos seiner Rückzahlung entsprechende Abzüge zu machen. Aus Gründen der Vereinfachung kann die Bank dabei

---

16 Vgl. *Hopt/Mülbert*, aaO, § 607 Rdn. 396.
17 Vgl. BGH NJW 1991, 1817, 1818; vgl. dazu eingehend *Beckers*, WM 1991, 2049 ff.
18 Vgl. *Derleder*, JZ 1989, 173.

im Rahmen von § 252 BGB nach Ansicht des BGH den "bei den Banken gleichen Typs üblichen Durchschnittsgewinn" zugrunde legen.

Hat sich die Bank bereits bindend refinanziert, so kann ihr unter besonderen Voraussetzungen - nämlich dann, wenn das Zinsniveau inzwischen erheblich gesunken ist - ein Schaden entstehen, der über den Gewinnausfall hinausgeht. Das ist der sogenannte Zinsverschlechterungsschaden. Die Bank kann dann nach Ansicht des BGH von der Differenz zwischen dem mit dem vertragsbrüchigen Kreditnehmer vereinbarten Vertragszins und dem Wiederanlagezins ausgehen[19]. Dabei ist der Gesamtbetrag, der sich daraus für die Zeit mit rechtlich gesicherter Zinserwartung ergibt, wiederum abzuzinsen.

d) Das Verhältnis zwischen dem Anspruch auf den Zinsmargen- und dem Anspruch auf den Zinsverschlechterungsschaden

Umstritten ist, ob der Zinsmargen- und der Zinsverschlechterungsschaden nur alternativ oder auch kumulativ geltend gemacht werden können[20]. M.E. handelt es sich dabei um ein Scheinproblem. Beide Wege sind gangbar, doch hat die Berechnung des Schadens jeweils unterschiedlich zu erfolgen.

Machen wir uns die Frage am Beispiel des Kaufs klar, von dem auch *Derleder* bei der Entwicklung der Unterscheidung zwischen den beiden Schadensarten ausgegangen ist. Als Margenschaden kann der Verkäufer einer Ware grundsätzlich die Differenz zwischen ihrem Einkaufspreis und dem vereinbarten Vertragspreis in Rechnung stellen. Ist nun inzwischen der Wiederverkaufspreis der Ware - auf der der Verkäufer wegen der Abnahmeverweigerung des Käufers ja sitzen geblieben ist -, unter den Einkaufspreis gesunken, so ist ein Verschlechterungsschaden entstanden. Der Verkäufer kann dann *entweder* die Differenz zwischen Einkaufs- und Vertragspreis als Margenschaden und *kumulativ* die Differenz zwischen Einkaufs- und - inzwischen gesunkenem - Wiederverkaufspreis als Verschlechterungsschaden verlangen, weil ihm *beide* Schäden bei Abnahme und Bezahlung der Ware nicht entstanden wären, *oder* statt dessen einfach die

---

19 Vgl. BGH NJW 1991, 1817, 1818.

20 Im ersteren Sinn LG Braunschweig WM 1996, 1134, 1135; *Reifner*, NJW 1995, 90; im letzteren Sinn OLG München WM 1996, 1132, 1134; *Beckers*, WM 1991, 2051 f; *Wenzel*, Die Bank 1995, 370; *W. Weber*, NJW 1995, 2955.

gesamte Differenz zwischen dem Vertragspreis und dem jetzigen Wiederverkaufspreis geltend machen; natürlich kann er aber bei der letzteren Variante nicht noch zusätzlich einen Margenschaden kassieren, weil dieser hier ja bereits in dem berechneten Schaden enthalten ist.

Auf die vorliegende Problematik übertragen bedeutet das, daß die Bank grundsätzlich *zusätzlich* zu dem entgangenen Nettogewinn aus dem Vertrag mit dem vertragsbrüchigen Kreditnehmer, also *kumulativ* denjenigen Schaden geltend machen kann, der ihr außerdem noch bei einer Wiederausleihung des - inzwischen gewissermaßen im Wert gesunkenen - Geldes dadurch entsteht, daß sie an ihre ursprünglichen Refinanzierungskosten gebunden bleibt; freilich muß sie dann deren Höhe substantiiert vortragen, was sie in dem vom BGH entschiedenen Fall nicht getan hatte. Statt dessen kann sie auch die Differenz zwischen dem mit dem vertragsbrüchigen Kreditnehmer vereinbarten Zins - der dem ursprünglichen Verkaufspreis der Ware im Beispiel des Kaufvertrags entspricht - und dem Wiederanlagezins - der dem jetzigen Wiederverkaufspreis der Ware entspricht - in Rechnung stellen, dann aber natürlich nicht noch zusätzlich die Gewinnmarge aus dem nicht durchgeführten Vertrag liquidieren, weil sie diese sonst im praktischen Ergebnis doppelt erhielte.

In dem vom BGH entschiedenen Fall hatte die Bank die zweite Berechnungsvariante gewählt und hätte daher bei hinreichendem Vortrag zwar *alternativ* auch zur ersten Variante übergehen, aber nicht *kumulativ* den Margenschaden verlangen können. Das hat wohl auch der BGH so gesehen, obwohl die Entscheidung in dieser Hinsicht nicht völlig durchsichtig ist.

2. Die Problematik eines Anspruchs der Bank auf Erfüllung durch den Kreditnehmer

Lassen Sie mich nun zu einem anderen Problem übergehen, dessen Erörterung zwar auf den ersten Blick nur von theoretischem Interesse zu sein scheint, im weiteren Verlauf meines Vortrags aber argumentative Bedeutung auch für die Lösung praktischer Probleme erlangen wird. Ich meine die Frage, ob die Bank statt des Anspruchs auf Schadensersatz wegen Nichterfüllung auch einen Anspruch auf Erfüllung durch den Kreditnehmer geltend machen kann. Eigentlich ist deren Bejahung eine Selbstverständlichkeit, weil das deutsche Recht dem Vertragsgläubiger grundsätzlich ohne weiteres einen Erfüllungsanspruch und keineswegs nur einen Schadensersatzanspruch wegen Nichterfüllung zuerkennt; davon geht insbesondere auch § 326 BGB aus, indem es dort ausdrücklich heißt, daß nach Ablauf der vom Gläubiger gesetzten Frist, aber eben erst jetzt "der Anspruch auf Erfüllung ausgeschlossen ist". Im vorliegenden Zusammenhang ergeben sich indessen zwei Komplikationen.

a) Die Rechtsnatur der Pflicht zur Abnahme des Darlehens

Die erste Schwierigkeit hängt mit der Frage nach der Rechtsnatur der Pflicht des Kreditnehmers zur Abnahme des Darlehens zusammen. Korrespondiert dieser ein klagbarer Anspruch der Bank? Ich meine nicht. Denn anders als etwa der Verkäufer einer Sache, der diese u.U. wegen des Problems der Lagerhaltung oder dgl. loswerden möchte und der daher den Käufer nach § 433 II BGB grundsätzlich auf deren Abnahme verklagen kann, hat die Bank kein legitimes Interesse daran, daß das Geld aus ihrem Vermögen in das des Kreditnehmers übergeht. Es handelt sich daher dogmatisch nicht um eine klagbare Leistungspflicht, freilich auch nicht um eine bloße Obliegenheit, sondern um eine Verhaltenspflicht des Kreditnehmers, die zwar als solche nicht klagbar ist[21], aber so essentielle Bedeutung für die Durchführung des Vertrags besitzt, daß ihre Verletzung wie dargelegt grundsätzlich die Anwendbarkeit von § 326 BGB auslöst.

b) Der Zinsanspruch der Bank bei Nichtabnahme des Darlehens

Eine andere Frage ist, ob die Bank trotz Nichtabnahme des Darlehens ihre Zinsansprüche durchsetzen kann. Dem könnte entgegenstehen, daß der Kreditnehmer die Valuta nicht erhalten hat. Indessen kann er diesen Einwand wegen des Verbots der Berufung auf eigenes Unrecht oder analog § 162 BGB nicht geltend machen[22], weil das Unterbleiben der Darlehensauszahlung ja nur auf seiner eigenen Vertragsverletzung beruht. Wollte man entgegengesetzt entscheiden, liefe das auf die untragbare Konsequenz hinaus, daß der Darlehensnehmer dem Darlehensgeber durch eine vorsätzliche Pflichtverletzung die Alternative zwischen Erfüllung und Schadensersatz nehmen könnte, obwohl § 326 BGB ihm diese eindeutig offenhält.

---

21 Vgl. zur Klagbarkeit von Verhaltenspflichten z.B. *Larenz*, Schuldrecht Band I, 14. Aufl. 1987, S. 12; *Gernhuber*, Das Schuldverhältnis, 1989, S. 25 m.w.Nachw.

22 Vgl. *Canaris*, aaO, Rdn. 1340.

Die Bank kann daher Zahlung der Zinsen zum jeweiligen Termin Zug um Zug gegen das Angebot zur Auszahlung des Darlehens bzw. des auf diesen Zeitpunkt entfallenden Darlehensrests verlangen.

3. Die Rechtsnatur einer vertraglichen Vereinbarung über die Nichtabnahmeentschädigung

Für die Vereinbarung einer Nichtabnahmeentschädigung ergibt sich aus diesem Gedankengang die wichtige Konsequenz, daß sie nicht nur als Schadensersatzpauschale für den Anspruch aus § 326 BGB, sondern grundsätzlich auch als Abgeltung des Erfüllungsanspruchs ausgestaltet werden kann. Zwar ist in der Praxis derzeit offenbar allein die erste Alternative üblich, doch ändert das nichts daran, daß es rechtlich gesehen auch die zweite gibt. Auf diese will ich an dieser Stelle indessen nicht näher eingehen, weil der Schwerpunkt der Problematik insoweit bei der Vorfälligkeitsentschädigung liegt und ich daher lieber sogleich auf diese zu sprechen komme.

IV. Die rechtliche Behandlung der Vorfälligkeitsvergütung bei Fehlen einer Pflicht der Bank zu einem Eingehen auf den Ablösungswunsch des Kreditnehmers

Damit bin ich nun also beim aktuellsten und demgemäß interessantesten Teil meines Vortrags angelangt: der Vorfälligkeitsentschädigung. Dabei befasse ich mich in einem ersten Abschnitt zunächst ausschließlich mit der Problematik derjenigen Fälle, in denen die Bank keine Rechtspflicht zu einem Eingehen auf den Ablösungswunsch des Kreditnehmers hat. Daß es solche Fälle nicht etwa nur vereinzelt gibt, sondern daß sie nach dem Grundsatz "pacta sunt servanda" die Regel bilden, habe ich bereits dargelegt.

1. Die Rechtsnatur der Vorfälligkeitsvergütung

a) Das Vorliegen eines Entgelts als Regelfall

Im Mittelpunkt der Diskussion steht derzeit die Frage, ob die von den Banken für eine vorzeitige Kreditablösung verlangte sogenannte Vorfälligkeitsentschädigung dogmatisch als Entgelt oder als Schadensersatzleistung zu qualifizieren ist. In der Tat ist diese von zentraler Bedeutung, da ihre Beantwortung die Weichen für die rechtliche Einordnung und Lösung einer Reihe von Folgefragen stellt.

Nach dem Grundsatz der Privatautonomie steht es den Banken frei, sich ihre restlichen Rechte aus dem noch laufenden Darlehensvertrag und die Freigabe der damit verbundenen Sicherheiten, also insbesondere eines Grundpfandrechts von dem Kreditnehmer "abkaufen" zu lassen[23]. Rechtskonstruktive Bedenken bestehen dagegen nicht. Daß der Schuldner die gegen ihn gerichtete Forderung "zurückkauft", ist grundsätzlich ohne weiteres möglich und kommt z.B. bei einem Wechsel gar nicht selten vor.

Nun wird hier freilich kein eigentlicher *Forderungskauf* im Sinn von § 433 I 2 BGB mit der Folge eines Erlöschens der Forderung durch Konfusion gewollt sein, sondern vielmehr ein *Verzicht* der Bank auf ihre Rechte aus dem Vertrag. Indessen ändert das nichts daran, daß diese dafür nach dem Grundsatz der Privatautonomie ein Entgelt verlangen kann. Entgegen der These von *Reifner* handelt es sich dabei nicht um eine Entschädigung dafür, daß "die versprochene Leistung nicht angenommen wird"[24], sondern vielmehr um eine Abgeltung der restlichen Rechte der Bank aus dem Vertrag. Daß diese "geldwert" und also ohne weiteres entgeltsfähig sind, zeigt sich schon daran, daß die Bank sie ja an einen Dritten verkaufen könnte. Es steht m.E. auch außer Zweifel, daß es nicht nur um das Unterbleiben der Entgegennahme einer Leistung des Kreditnehmers, sondern um eine eigene Leistung der Bank geht[25]; denn der Verzicht auf Rechte stellt eine solche dar.

---

23 Ebenso i.E. OLG Hamm WM 1996, 569, 570; OLG München WM 1996, 1132, 1133 f.; AG Dortmund WM 1996, 1136, 1138; *Köndgen*, aaO, S. 147; *Wenzel*, WM 1995, 1436 f. und *ders.* in *Metz/Wenzel*, Vorfälligkeitsentschädigung, 1996, Rdn. 232 ff.; *W. Weber*, NJW 1995, 2952 f.; für eine schadensersatzrechtliche Lösung dagegen OLG Karlsruhe WM 1996, 572, 573; LG Braunschweig WM 1996, 1134, 1135; *Metz*, ZBB 1994, 209 f und *ders.* in *Metz/Wenzel*, aaO, Rdn. 81 ff; *Reifner*, NJW 1995, 90 und 1995, 2945; *Melzer*, BB 1995, 322 f.

24 So *Reifner*, NJW 1995, 90.

25 A.A. auch insoweit *Reifner*, aaO; ihm folgend LG Braunschweig WM 1996, 1134, 1135.

b) Verpflichtungs- und Verfügungsvertrag

Was nun das Verhältnis von Entgelt und Rechtsverzicht angeht, so läßt sich dieses ohne Schwierigkeiten mit der vertrauten Kombination von Verpflichtungs- und Verfügungsvertrag erfassen. Die Bank verpflichtet sich zum Verzicht auf die Rechte aus dem Darlehensvertrag, also vor allem auf ihre noch offenen Zinsforderungen sowie zur Freigabe der Sicherheiten, und der Kreditnehmer verpflichtet sich zur Zahlung der vereinbarten Vergütung. Erfüllt wird die Verpflichtung der Bank hinsichtlich des Darlehens durch einen Erlaßvertrag nach § 397 BGB, der anerkanntermaßen Verfügungscharakter hat; diese Konstruktion ist durchaus von praktischer Bedeutung, wie sich unter dem Aspekt von § 817 S. 2 BGB noch zeigen wird[26].

c) Die Abgrenzung gegenüber einer Schadensersatzpauschale

Allerdings könnte die Bank statt eines Entgelts für den Verzicht auf ihre Rechte selbstverständlich auch eine Schadensersatzpauschale vereinbaren. Ob das geschehen ist, stellt eine Frage der Auslegung gemäß §§ 133, 157 BGB dar. Erklärt die Bank z.B. - etwa in einer AGB-Klausel -, sie behalte sich die Geltendmachung eines über die Vorfälligkeitsentschädigung hinausgehenden Schadens vor und gestatte dem Kreditnehmer seinerseits den Nachweis eines niedrigeren Schadens, so ist das ein zwingender Anhaltspunkt für die Vereinbarung einer bloßen Schadensersatzpauschale. In der Praxis kommen solche Regelungen indessen nach meiner Kenntnis derzeit so gut wie niemals vor.

Die bloße Bezeichnung als Vorfälligkeits*entschädigung* genügt demgegenüber für sich allein keinesfalls für die Auslegung im Sinne einer Schadensersatzpauschale; denn über die Rechtsnatur einer Vereinbarung entscheidet anerkanntermaßen nicht die von den Parteien verwendete Terminologie, sondern der Inhalt des Vertrags nebst den sonstigen Auslegungselementen wie vor allem die Interessenlage. Die Bank hat nun aber nicht den mindesten Anlaß, sich auf eine bloße Schadensersatzpauschale einzulassen. Diese bringt für sie nämlich alle die Lästigkeiten und rechtlichen Risiken mit sich, die mit der Ermittlung und Berechnung der genauen Schadenshöhe nun einmal verbunden sind. Daß sie sich darauf freiwillig

---

26 Vgl. unten 3 c.

einläßt, kann der Kreditnehmer vernünftiger- und redlicherweise nicht von ihr erwarten. Denn nicht sie ist es ja, die den Vertrag aufheben will, sondern es ist genau umgekehrt der Kunde, der von ihr insoweit ein Entgegenkommen erbittet, und daher muß er ohne weiteres damit rechnen, daß sie dabei nur denjenigen Weg zu gehen bereit ist, der für sie rechtlich und wirtschaftlich am einfachsten, sichersten und vorteilhaftesten ist. Das aber ist zweifellos die Vereinbarung eines Entgelts. Im übrigen könnte die Bank etwaige Zweifel, die sich auf die von ihr verwendete Terminologie stützen, jedenfalls dadurch beseitigen, daß sie statt von "Entschädigung" unmißverständlich von "Vergütung" oder "Entgelt" spricht.

d) Die Unterschiede gegenüber der Nichtabnahmeentschädigung

An dieser Stelle ist nun freilich der Einwand zu gewärtigen, die Nichtabnahmeentschädigung stelle i.d.R. eine Schadensersatzpauschale dar und bilde lediglich einen "Spezialfall der Vorfälligkeitsentschädigung zum frühestmöglichen Zeitpunkt"[27], so daß auch letztere generell als Schadensersatzpauschale eingeordnet werden müsse. Indessen habe ich schon zu zeigen versucht, daß die Bank an sich auch bei der Nichtabnahme des Darlehens die Möglichkeit hätte, ihren Erfüllungsanspruch durchzusetzen und sich also den Verzicht darauf durch ein Entgelt vergüten zu lassen. Daß das derzeit nicht üblich ist, läßt in keiner Weise den Schluß zu, daß die Bank auch *nach* der Auszahlung des Darlehens ebenso verfahren muß; vielmehr steht ihr nach dem Grundsatz der Vertragsfreiheit ohne weiteres die Alternative einer Entgeltsforderung offen.

Selbst wenn man aber meiner Ansicht zur Nichtabnahmeentschädigung nicht folgt, lassen sich aus deren Qualifikation als Schadensersatzpauschale keine Rückschlüsse auf die Rechtsnatur der Vorfälligkeitsentschädigung ziehen. Es ist nämlich zu bedenken, daß sich mit der Auszahlung des Darlehens die Lage sowohl in tatsächlicher als auch in rechtlicher Hinsicht tiefgreifend ändert. Man erinnere sich nur daran, daß nach der Realvertragstheorie der eigentliche Darlehensvertrag überhaupt erst mit der Auszahlung der Valuta zustande kommt. Auch wenn wir diese Theorie heute als weitgehend überholt ansehen[28], steckt in ihr doch insofern ein richtiger

---

27 So *Reifner*, NJW 1995, 90; ähnlich *Metz*, ZBB 1994, 212 und ihm folgend OLG Celle WM 1996, 439, 440.

28 Vgl. dazu z.B. *Canaris*, aaO, Rdn. 1284 f; *Hopt/Mülbert*, aaO, § 607 Rdn. 12 ff m.w.Nachw.

Kern, als der Kreditgeber, wie ich vorhin dargelegt habe, grundsätzlich keine Möglichkeit hat, den Kreditnehmer zur Entgegennahme des Darlehens zu *zwingen* - was nebenbei bemerkt ja auch praktisch eine ziemliche Kuriosität wäre. Daher steht auch sein *Zins*anspruch bis zur Auszahlung auf einem unsicheren Fundament, mag ich mich auch soeben bemüht haben, ein solches zu schaffen. Demgemäß drängt es sich geradezu auf, daß die Bank sich *vor* der Auszahlung des Darlehens mit einer bloßen Schadensersatzpauschale begnügt, *danach* aber angesichts der nunmehr erfolgten Durchführung des Vertrags auf ihren Erfüllungsanspruch zurückgreift und sich für den Verzicht auf diesen ein Entgelt gewähren läßt.

Die Auszahlung des Darlehens stellt somit in der Tat sowohl rechtlich als auch tatsächlich einen so markanten Einschnitt dar, daß sich daraus ohne weiteres die unterschiedliche Vorgehensweise der Banken bei der Nichtabnahmeentschädigung einerseits und der Vorfälligkeitsvergütung andererseits plausibel machen läßt.

e) Die Irrelevanz des Vergleichs zwischen dem vertragstreuen und dem vertragsbrüchigen Kreditnehmer

Ich vermag auch keinen triftigen Einwand darin zu sehen, daß durch die Qualifikation als Entgelt der vertrags*treue* Kreditnehmer, der eine einvernehmliche Ablösung des Darlehens erbittet, schlechter gestellt werde als der vertrags*brüchige*, gegen den die Bank einen Schadensersatzanspruch erhebt. Zum einen hält nämlich das geltende Recht dem Gläubiger nun einmal die *Alternative* zwischen Erfüllungsanspruch und Schadensersatzanspruch wegen Nichterfüllung offen, wie sich insbesondere aus der Regelung von § 326 I 2 Halbs. 2 BGB zweifelsfrei ergibt, so daß die Bank auch den vertragsbrüchigen Kreditnehmer auf Erfüllung verklagen könnte. Und zum anderen erlangt letzterer ja gerade nicht, was er will und braucht: die alsbaldige Löschung des Grundpfandrechts und damit die Möglichkeit zu lastenfreier Verfügung über sein Grundstück; im Gegenteil drohen ihm u.U. massive Nachteile durch die Einleitung der Zwangsversteigerung, die alle seine Pläne für eine günstige Verwertung des Grundstücks zunichte machen würde.

f) Die Abgrenzung gegenüber der Aufwandsentschädigung und einer Teilschenkung

Aus dem Gesagten ergibt sich ohne weiteres, daß die Vorfälligkeitsentschädigung entgegen einer vereinzelt im Schrifttum vertretenen Ansicht keinesfalls als bloße Aufwandsentschädigung qualifiziert werden kann[29]. Denn im Mittelpunkt der Problematik steht nicht der mit der Vertragsaufhebung verbundene Arbeitsaufwand der Bank, sondern der Verzicht auf ihre Rechte aus dem Vertrag.

Ebensowenig läßt sich die jüngst vorgetragene Ansicht halten, der Verzicht des Darlehensnehmers auf die Weiterverwendung des Darlehens und die daraus folgende Möglichkeit der Bank zu vorzeitiger Nutzung der Valuta stelle eine Schenkung dar, wenn sich die Bank den vollen noch ausstehenden Vertragszins als Entgelt für die Aufhebung versprechen lasse[30]. Diese Konstruktion scheitert m.E. ohne weiteres daran, daß es an dem erforderlichen Willen der Parteien zu einer unentgeltlichen Zuwendung, also dem insoweit unerläßlichen subjektiven Element fehlt[31]. Anderenfalls ließe sich jeder Vertrag mit einer irgendwie überhöhten Gegenleistung als Teilschenkung qualifizieren.

g) Bemerkungen zu einem Lösungsversuch mit Hilfe der Lehre von der ökonomischen Analyse des Rechts

Aus gegebenem Anlaß[32] füge ich hinzu, daß sich an der grundsätzlichen Entscheidung für das Vorliegen eines Entgelts und gegen die Annahme einer Schadensersatzpauschale mit Hilfe der Lehre von der ökonomischen Analyse des Rechts nichts ändern läßt. Wenn dabei von der Prämisse ausgegangen wird "Stellt die Vorfälligkeitsentschädigung einen Preis dar, so verfügt der Darlehensgeber über ein Abwehrrecht gegen vorzeitige Ablösungen", so wird damit die rechtliche Ausgangslage geradezu auf den Kopf gestellt. Denn da der Darlehensvertrag verbindlich ist, steht von vornherein fest, daß der Darlehensgeber über ein "Abwehrrecht" verfügt; der Grund-

---

29 So aber *Hammen*, WM 1994, 1106; ähnlich *Kümpel*, Bank- und Kapitalmarktrecht, 1995, Rdn. 5.131.

30 So *Hammen/Dischinger*, Anm. zu OLG Hamm u.a. WuB I E 3. - 3.96 S. 559.

31 Vgl. dazu nur *Palandt/Putzo*, 55. Aufl. 1996, § 516 Rdn. 11.

32 Die folgenden Ausführungen geben den wesentlichen Inhalt meiner Replik auf einen Diskussionsbeitrag von *Wehrt* wieder.

satz "pacta sunt servanda" steht de lege lata nicht zur Disposition einer Lösung mit Hilfe der Lehre von der ökonomischen Analyse, sondern gehört genau umgekehrt zu den selbstverständlichen Rahmenbedingungen, von denen diese ihrerseits auszugehen hat.

Außerdem zeigt sich hier einmal mehr der Mangel, daß die Lehre von der ökonomischen Analyse wegen ihres utilitaristischen, d.h. am *Gesamt*nutzen orientierten Grundansatzes der bipolaren Struktur privatrechtlicher Beziehungen nicht hinreichend gerecht zu werden vermag. Selbst wenn nämlich *volkswirtschaftlich gesehen* die Annahme eines Schadensersatzanspruchs wirklich die bessere Lösung sein sollte, läßt sich daraus doch nicht herleiten, daß die *einzelne Bank* nicht auf einer zwar gesamtwirtschaftlich suboptimalen, für sie selbst aber günstigeren Lösung soll bestehen dürfen. Genau das erlaubt ihr das Prinzip der Privatautonomie, da es auf dem Grundsatz "stat pro ratione voluntas" beruht und der Bank also auch ein "unvernünftiges" Verhalten gestattet[33]; die sogenannte "Gesamteigentümerdoktrin", von der viele Anhänger der ökonomischen Analyse des Rechts ausgehen und die auch der hier kritisierten Lösung zugrunde liegt[34], ist insoweit mit der - verfassungsrechtlich gewährleisteten! - Vertragsfreiheit unvereinbar - wie denn überhaupt das bisher unaufgelöste Spannungsverhältnis der Lehre von der ökonomischen Analyse zu den individuellen Freiheitsrechten einen ihrer größten Schwachpunkte bildet.

2. Das Zustandekommen des Ablösungsvertrags

a) Der Vertragsschluß bei komplikationslosem Verlauf

Wenden wir uns nun dem Abschluß des Ablösungsvertrags zu. Die Bitte des Kreditnehmers an die Bank, den Kredit vorzeitig zurückzahlen zu dürfen, ist m.E. entgegen manchen Stimmen im Schrifttum i.d.R. nicht als Angebot zu einem *un*entgeltlichen Verzichtsvertrag[35], sondern als bloße Aufforderung an die Bank zur Unterbreitung eines Ablösungsangebots, also

33 Vgl. statt aller *Flume*, Allg. Teil des Bürgerlichen Rechts, Bd II, 3. Aufl. 1979, § 1, 5.

34 Vgl. *Werth*, Preis oder Ersatz des Erfüllungsinteresses - Eine rechtsökonomische Analyse vorzeitiger Darlehensablösungen, Typoskript des Vortrags auf dem V. Symposion zur ökonomischen Analyse des Rechts in Travemünde vom 27.-30.3.1996, S. 19 mit Fn. 54; die Publikation in dem von *Ott* und *Schäfer* herausgegebenen Tagungsband ist vorgesehen.

35 So aber *Wenzel*, WM 1995, 1434; *W. Weber*, NJW 1995, 2953.

als invitatio ad offerendum anzusehen. Nennt die Bank nun die Höhe der Ablösungssumme und etwaige andere Voraussetzungen für ein Eingehen auf den Wunsch des Kreditnehmers, so kommt der Vertrag normalerweise entweder durch ausdrückliche Annahme seitens des Kreditnehmers oder zumindest konkludent dadurch zustande, daß dieser zahlt und/oder die Leistung der Bank, also vor allem die Unterlagen für die Löschung der Grundschuld entgegennimmt - sei es auch nur durch abredegemäße Aushändigung an einen treuhänderisch tätigen Mittelsmann.

b) Die Bedeutung eines "Vorbehalts" des Kreditnehmers

Nicht selten ergibt sich hier eine gewisse Komplikation dadurch, daß der Kreditnehmer Einwände gegen die Höhe der von der Bank verlangten Vorfälligkeitsentschädigung erhebt und nur "unter Vorbehalt" zahlt. Was ein solcher bedeutet, ist im Wege der Auslegung gemäß §§ 133, 157 BGB zu ermitteln. In aller Regel wird man darin nicht eine Ablehnung des Angebots der Bank zu sehen haben, sondern lediglich die - u.a. im Hinblick auf § 814 BGB tunliche - Ankündigung, daß der Kreditnehmer sich etwaige Einwendungen gegen die Bank offenhalten will[36]. So mag er die Vorfälligkeitsentschädigung als sittenwidrig überhöht ansehen oder der - irrigen, jedoch offenbar verbreiteten - Meinung sein, die Bank dürfe gar kein Entgelt, sondern nur Schadensersatz fordern. Dann verhindert der Vorbehalt den Abschluß des Vertrags nicht.

Anders liegt es, wenn der Kreditnehmer durch den Vorbehalt zum Ausdruck bringt, daß er den Vertrag nur zu *seinen* Bedingungen schließen will, *auch wenn* die von der Bank gestellten Bedingungen rechtlich nicht zu beanstanden sein sollten. Es kommt also darauf an, ob der Kreditnehmer lediglich - vorsorglich - seinen Rechtsstandpunkt wahren oder vielmehr seine eigenen Vorstellungen über die Höhe der Vorfälligkeitsentschädigung durchsetzen will. Im letzteren Fall droht ein Dissens. Grundsätzlich ist der Vorbehalt jedoch nicht in diesem Sinn auszulegen, da das nicht der Interessenlage beider Seiten entspricht. Einerseits wünscht der Kreditnehmer nämlich nach Lage des Falles dringend die Ablösung des Kredits und darf

---

36 Ähnlich z.B. OLG Hamm WM 1995, 836, 837 m. abl. Anm. von *Escher-Weingart* WuB I E 3. - 2.95 S. 710 ff; OLG Hamm WM 1996, 569, 570 f; a.A. LG Detmold ZIP 1994, 1518, 1519; AG Hamburg-Harburg WM 1996, 1140.

diese also nicht durch einen Dissens gefährden, andererseits besteht für die Bank, die "am längeren Hebel sitzt", typischerweise keinerlei Grund zu einem Eingehen auf einen solchen Vorbehalt, was dem Kreditnehmer auch bewußt ist. Demgemäß darf ein zwischengeschalteter Treuhänder das Geschäft i.d.R. trotz des Vorbehalts nach beiden Seiten abwickeln, doch hat er sich u.U. vorher bei dem Kreditnehmer nach dem genauen Sinn des Vorbehalts zu erkundigen.

Darüber hinaus hat die Bank meist nicht einmal Anlaß, vor der Rückabwicklung des Kredits das Beharren auf ihren Bedingungen gegenüber einem Vorbehalt noch einmal zu bekräftigen. Vielmehr kommt der Vertrag grundsätzlich zu diesen Bedingungen zustande, wenn der Kreditnehmer die Unterlagen für die Löschung des Grundpfandrechts entgegennimmt. Eine Lösung nach dem Kriterium des "letzten Worts" wird der Interessenlage demgemäß nicht gerecht.

Sollte es gleichwohl einmal zu einem Dissens kommen und ist der Auflösungsvertrag bereits durchgeführt, so ist dem Kreditnehmer grundsätzlich die Berufung auf diesen Einwand zu versagen, sofern die Forderung der Bank rechtlich nicht zu beanstanden ist. Das folgt zwar nicht aus dem Satz "protestatio facto contraria non valet", da dieser m.E. nicht geltendes Recht ist[37], wohl aber aus dem Einwand des Rechtsmißbrauchs gemäß § 242 BGB. Denn der Kreditnehmer hat in einem solchen Fall ex praemissione die Unterlagen für die Löschung des Grundpfandrechts erhalten und damit einen Vorteil erlangt, den er nun nicht mehr herausgeben kann[38], nachdem er über das Grundstück anderweitig verfügt hat. Er ist daher aufgrund des Verbots widersprüchlichen Verhaltens gehindert, die Vorfälligkeitsentschädigung zurückzufordern, es sei denn, die Forderung der Bank war rechtswidrig. In der Tat hat der BGH entschieden, daß die Geltendmachung eines Dissenses an § 242 BGB scheitern kann[39].

---

37 Vgl. z.B. MünchKomm.-*Kramer*, 3. Aufl. 1993, Vor § 116 Rdn. 38 m. umf. Nachw.; a.A. z.B. *Flume*, aaO, § 5, 5.

38 Darin liegt anerkanntermaßen ein Hauptkriterium des Rechtsmißbrauchseinwands, vgl. z.B. BGH NJW 1981, 1439, 1440; ZIP 1986, 1457, 1458; *Canaris*, Die Vertrauenshaftung im deutschen Privatrecht, 1971, S. 299 f, 531 m.w.Nachw. aus der Rspr.

39 Vgl. BGH LM Nr. 2 zu § 157 BGB und dazu *Canaris*, aaO, S. 322 ff.

3. Die Kontrolle des Ablösungsvertrags am Maßstab von § 138 BGB

Da die Bank ein Entgelt und nicht nur Schadensersatz zu fordern berechtigt ist, kommt als Schranke ihres Anspruchs und Maßstab für die Kontrolle des Ablösungsvertrags in erster Linie § 138 BGB in Betracht. In der Tat liegt vor allem hier der Ansatz, um dem berechtigten Schutzbedürfnis des Kreditnehmers Rechnung zu tragen.

a) Voraussetzungen in der Person des Kreditnehmers

Dieser befindet sich nämlich von vornherein in einer mißlichen Ausgangslage. Das gilt vor allem dann, wenn er unter erheblichem Verkaufsdruck hinsichtlich des beliehenen Objekts steht wie z.B. aufgrund einer Ehescheidung, eines Umzugs, des Verlusts seines Arbeitsplatzes oder sonstiger wirtschaftlicher Schwierigkeiten. In anderen Fällen wie bei einem bloßen Umschuldungswunsch oder der plötzlichen Erlangung freier Liquidität ist zwar eine derartige Drucksituation nicht gegeben, doch ist der Kreditnehmer auch dann wegen eines erheblichen Informationsgefälles gegenüber der Bank meist in einer unterlegenen Position, da er die Höhe des Vorteils, den diese durch die Vorfälligkeitsentschädigung erlangt, oft nicht einmal näherungsweise zu überschauen vermag. Er läuft daher Gefahr, daß die Bank insoweit seine Unkenntnis ausnutzt; in *diesem* Zusammenhang kann auch die Verwendung des Ausdrucks "Vorfälligkeits*entschädigung*" eine gewisse Rolle spielen, weil darin immerhin mitschwingt, daß sich die Bank bei der Festlegung von deren Höhe wesentlich an dem ihr durch die vorzeitige Vertragsauflösung entstehenden Schaden orientiert.

Hinzu kommt mit großem Gewicht, daß der Kreditnehmer überhaupt keine Alternative hat und sich die Vorteile funktionierenden Wettbewerbs nicht zunutze machen kann. Denn er will sich ja von einem Vertrag lösen, an den er an sich gebunden ist, und kann deshalb von vornherein nicht auf ein Konkurrenzangebot ausweichen. Das gilt umso mehr, als sein neuer Geschäftspartner wie der potentielle Käufer des beliehenen Grundstücks oder eine andere kreditgebende Bank typischerweise auf der vorherigen Ablösung des auf dem Objekt lastenden Grundpfandrechts besteht und die Bank des Kreditnehmers diese grundsätzlich durch Verweigerung der Löschungsbewilligung blockieren kann, also "am längeren Hebel sitzt".

In die gleiche Richtung wirkt schließlich, daß der Kreditnehmer insoweit sogar bei Abschluß des Darlehensvertrags de facto stark in seiner Entscheidungsfreiheit beeinträchtigt ist. Die Möglichkeit einer vorzeitigen Ablösung des Kredits gehört nämlich zu jenen Umständen, an die man beim Vertragsschluß typischerweise nicht denkt, weil sie in einer fernen und ungewissen Zukunft liegen und man mit ihrer Realisierung meist nicht rechnet. Außerdem würde es dem Kreditnehmer i.d.R. nicht einmal etwas nützen, wenn er sich dieser Problematik bewußt wäre; denn seine Chancen, eine vertragliche Regelung über die Befugnis zu vorzeitiger Ablösung und die Grenzen des dafür zu entrichtenden Entgelts durchzusetzen, sind äußerst gering, weil es insoweit, soviel ich weiß, keinen funktionierenden Konditionenwettbewerb zwischen den Kreditinstituten gibt. Dem Kreditnehmer bliebe daher allenfalls die Möglichkeit, auf einen Kredit mit variablem Zinssatz und dem Kündigungsrecht nach § 609a BGB auszuweichen, doch ist das natürlich keine echte Alternative zu dem aus seiner Sicht eigentlich wünschenswerten Vertrag mit fester Laufzeit und einer "Ausstiegsklausel".

Insgesamt wird man hier somit eine jener Situationen zu konstatieren haben, für die die Formulierung des Bundesverfassungsgerichts von der "typisierbaren Fallgestaltung, die eine strukturelle Unterlegenheit des einen Vertragsteils erkennen läßt"[40], sich als passend erweist. Daher ist erhöhte rechtliche Sensibilität geboten, wenn die weitere Voraussetzung hinzukommt, daß "die Folgen des Vertrags für den unterlegenen Vertragsteil ungewöhnlich belastend sind"[41].

b) Die Höhe der Vorfälligkeitsvergütung und die für ihre Bewertung maßgeblichen Kriterien

Damit rückt mit Selbstverständlichkeit das zweite wesentliche Kriterium ins Blickfeld: die Höhe der Vorfälligkeitsentschädigung. Das ist freilich keine neue, aus dem Verfassungsrecht geschöpfte Weisheit, sondern entspricht dem uralten Modell des Wuchertatbestands und des von der Rechtsprechung zusätzlich entwickelten wucherähnlichen Geschäfts. Unter diesem Aspekt wird man zunächst einmal zu fragen haben, wie die vereinbarte Vorfälligkeitsentschädigung sich höhenmäßig zu dem marktüblichen bzw. durchschnittlichen Preis für eine vorzeitige Kreditablösung verhält. Über-

---

40 Vgl. BVerfGE 89, 214, 231 ff; vgl. dazu freilich auch die - m.E. überscharfe - Kritik von *Zöllner*, AcP 196 (1996), 1 ff.

41 Vgl. BVerfGE, aaO.

schreitet sie diesen in eklatanter Weise, so wird das jedenfalls dann, wenn sich der Kreditnehmer erkennbar unter Verkaufsdruck oder in Unkenntnis der Überhöhung befand, für die Anwendung von § 138 BGB i.d.R. ausreichen; dabei dürfte ähnlich wie beim wucherähnlichen Darlehen die 100%-Marke einen Anhalt bieten, auch wenn diese keinesfalls als starre Grenze, sondern nur als ein gewisser Orientierungspunkt verwendet werden darf.

Zusätzlich kann die Höhe der Vorfälligkeitsentschädigung, die bei der betreffenden Bank üblich ist, eine Rolle spielen. Allerdings ist diese nicht generell zur Gleichbehandlung ihrer Kunden verpflichtet, worauf ich noch zurückkommen werde[42]. Ein auffallend erhöhter Preis kann aber ein überaus gewichtiges Indiz dafür sein, daß die Bank den Verkaufsdruck, unter dem der Kreditnehmer etwa steht, ausgenutzt oder sich an ein vorteilhaftes Geschäft, das dieser bei vorzeitiger Ablösung des Grundpfandrechts zu machen in der Lage wäre, "angehängt" hat. Man denke etwa an den schon erwähnten vom LG Hannover entschiedenen Fall, in dem beide Umstände - Verkaufsdruck wegen wirtschaftlichen Zusammenbruchs des Kreditnehmers und Chance zu einem Verkauf des belasteten Grundstücks zu besonders günstigen Konditionen - gegeben waren[43]. Würde sich hier herausstellen, daß die Bank eine signifikant höhere Vorfälligkeitsentschädigung verlangt hatte als sonst bei ihr üblich, wäre das m.E. ein Fall des § 138 BGB; denn "Trittbrettfahren" oder gar "Schmarotzen" ist eine besonders unanständige Ausbeutung fremder Leistungen und Chancen, wie sowohl in der Moralphilosophie als auch im Recht des unlauteren Wettbewerbs anerkannt ist. Freilich wird der Kunde oft Schwierigkeiten haben, die bei seiner Bank übliche, d.h. "normale" Höhe der Vorfälligkeitsentschädigung herauszufinden, doch kann man ihm dabei wohl durch die Statuierung gewisser prozessualer Mitwirkungspflichten der Bank helfen.

Kann man sich nun mit diesen beiden Parametern - dem Marktpreis und dem bei der betreffenden Bank üblichen Preis - begnügen? Ich meine nein. Da es nämlich wie dargelegt an einem funktionierenden Wettbewerb fehlt, besitzt der Marktpreis nicht dieselbe Aussagekraft wie sonst, also etwa beim Vergleich des Vertragszinses mit dem Marktzins. Es kommt hinzu, daß es hier durchaus objektive Kriterien für die Beantwortung der Frage gibt, wie viel die Gegenleistung der Bank eigentlich "wert" ist; denn die Höhe der Vorteile, auf die sie durch die vorzeitige Ablösung des Kredits

---

42 Vgl. unten V 1 a.
43 Vgl. LG Hannover WM 1995, 192.

verzichtet, läßt sich zumindest näherungsweise ausrechnen. Man sollte daher m.E. den Marktpreis - sofern er überhaupt einigermaßen verläßlich zu ermitteln ist - seinerseits einer gewissen Angemessenheitskontrolle unterziehen und deren Ergebnis dann u.U. in die Prüfung am Maßstab von § 138 BGB einfließen lassen.

c) Die Rechtsfolgen eines Verstoßes gegen § 138 BGB

Bevor ich auf die Problematik der "angemessenen" Höhe näher eingehe, ist zunächst noch zu klären, welche Rechtsfolgen sich aus einem etwaigen Verstoß gegen § 138 BGB ergeben. Der Kreditnehmer kann dann die Vorfälligkeitsentschädigung nach §§ 812, 817 S. 1 BGB zurückfordern, und zwar nach richtiger Ansicht nicht lediglich nach der Saldo-, sondern nach der Zweikondiktionentheorie[44]. Die Bank kann demgegenüber nicht einfach wieder auf den alten Darlehensvertrag zurückgreifen. Der von ihr abgeschlossene Verzichtsvertrag bleibt vielmehr als Verfügungsvertrag nach dem Abstraktionsprinzip wirksam und muß seinerseits erst von ihr im Wege der Kondiktion gemäß § 812 BGB beseitigt werden. Dieser Anspruch scheitert jedoch grundsätzlich an der Kondiktionssperre des § 817 S. 2 BGB, so daß die Bank außer der Vorfälligkeitsentschädigung auch die Zinsansprüche aus dem Darlehensvertrag - nicht dagegen die zurückgeflossene Valuta - endgültig verloren hat. Dabei hätte es z.B. sein Bewenden, wenn die Bank in dem mehrfach erwähnten vom LG Hannover entschiedenen Fall[45] eine sittenwidrig überhöhte Vorfälligkeitsentschädigung vereinbart haben sollte.

Nun hängt allerdings die Anwendung von § 817 S. 2 BGB von der ungeschriebenen Voraussetzung ab, daß die Bank den Sittenverstoß wissentlich begangen oder vor diesem geradezu die Augen verschlossen hat[46]. Diese Voraussetzung braucht hier keinesfalls immer gegeben zu sein. Insbesondere dann, wenn der BGH an die Vereinbarkeit der Vorfälligkeitsentschädigung mit § 138 BGB einen überraschend strengen Maßstab anlegen sollte - was die Oberlandesgerichte bisher nicht getan haben -, wäre es unangemessen, *generell* § 817 S. 2 BGB anzuwenden. Das hat der BGH zwar seinerzeit bei der bekannten Problematik der Sittenwidrigkeit von

---

44 Vgl. *Larenz/Canaris*, Schuldrecht II/2, 13. Aufl. 1994, § 73 III 5 c.
45 Vgl. LG Hannover WM 1995, 192.
46 Vgl. z.B. *Larenz/Canaris*, aaO, § 68 III 3 b m. Nachw.

Konsumentenkrediten der Teilzahlungsbanken getan[47], doch habe ich das stets als inkonsistent kritisiert[48] und möchte daher auch im vorliegenden Zusammenhang von vornherein vor einem solchen Irrweg mit überharten, gegen das Verhältnismäßigkeitsprinzip verstoßenden Konsequenzen[49] warnen.

Wie also sind die Rechtsfolgen, wenn man der Bank nicht den Vorwurf machen kann, sie habe vor der Sittenwidrigkeit der Vorfälligkeitsentschädigung die Augen verschlossen? Folgerichtig lebt dann der Darlehensvertrag nach Kondiktion des Verzichts wieder auf, so daß der Kreditnehmer auf den ersten Blick erneut zur Abnahme der Valuta und zur Zinszahlung zu den alten Bedingungen für die Restlaufzeit des Darlehens sowie zur Wiedereinräumung der Sicherheit verpflichtet zu sein scheint. Eine derartige Wiederherstellung des status quo ante ist indessen regelmäßig unmöglich, da die Sittenwidrigkeit erst nach längerer Zeit festgestellt werden wird, eine Nutzung des Darlehens während der ursprünglichen, inzwischen weitgehend oder gar völlig verstrichenen Restlaufzeit nicht mehr möglich ist und eine Wiederbestellung der Sicherheit meist an der zwischenzeitlich erfolgten Veräußerung oder anderweitigen Belastung des Grundstücks scheitert. Also liegt Unmöglichkeit im Sinne von § 818 II BGB vor. Folglich ist der "Wert" der von der Bank erbrachten Leistung, also ihres Verzichts auf die Ansprüche aus dem Darlehensvertrag und auf die Sicherheit, vom Kreditnehmer zu ersetzen. Der "Wert" im Sinne von § 818 II BGB aber ist anerkanntermaßen der übliche bzw. hilfsweise der angemessene Preis. Damit stehen wir also erneut vor der Frage, wie dieser zu ermitteln ist.

4. Das Fehlen sonstiger Möglichkeiten der Inhaltskontrolle

Bevor ich auf die Frage nach dem "angemessenen" Preis näher eingehen und damit zugleich auf die Problematik von § 138 BGB vertiefend zurückkommen werde, ist noch kurz zu erörtern, ob es außer dem Rückgriff auf diese Vorschrift noch andere Möglichkeiten einer Inhaltskontrolle gibt, aus denen u.U. ein strengerer Maßstab folgt.

---

47 Vgl. vor allem BGH NJW 1983, 1420, 1423.

48 Vgl. *Canaris*, WM 1981, 985 f und WM 1986, 1463 f.

49 Vgl. zur Relevanz des Verhältnismäßigkeitsprinzips im vorliegenden Zusammenhang näher *Canaris*, Festschr. für Steindorff, 1990, S. 526, 568 f.

a) Die Unanwendbarkeit der §§ 9 ff AGBG

Eine Inhaltskontrolle nach den §§ 9 ff AGBG wird meist schon daran scheitern, daß die Vorfälligkeitsvergütung im Wege einer Individualvereinbarung bestimmt wird. Auch wenn das nicht der Fall ist, steht einem Rückgriff auf die §§ 9 ff AGBG die Sperre des § 8 AGBG im Wege. Es geht hier nämlich um eine primäre Preisvereinbarung und nicht um eine bloße Preisnebenabrede. Denn der Aufhebungsvertrag bildet im Verhältnis zum Kreditvertrag auch dann, wenn seine Bedingungen schon in diesem festgelegt sind, ein eigenständiges Rechtsgeschäft und der Verzicht der Bank auf ihre Rechte aus diesem stellt daher eine eigenständige *Haupt*leistung dar, deren *Gegen*leistung in der Vorfälligkeitsvergütung liegt. Man kann auch sagen: Die Bank erbringt insoweit eine *Sonder*leistung, die nach der zutreffenden Rechtsprechung des BGH gemäß § 8 AGBG kontrollfrei ist[50]; demgemäß ist es hier unerheblich, daß es sich um eine antizipierte Abrede handelt, die ihre Relevanz erst in Zukunft und nur bei Eintritt von bei Vertragsschluß noch ungewissen Umständen entfaltet[51].

Die Richtigkeit dieser Ansicht wird bestätigt, wenn man den "Unwirksamkeitstest" am Maßstab des dispositiven Rechts vornimmt[52] und demgemäß im Anschluß an die Rechtsprechung des BGH prüft, ob es sich um eine Klausel handelt, "an deren Stelle, wenn eine wirksame vertragliche Regelung fehlt, dispositives Gesetzesrecht treten kann"[53]. Das ist zu verneinen, da es keine Vorschrift des dispositiven Rechts gibt, welche die Höhe einer Vorfälligkeitsvergütung regelt. Dagegen läßt sich nicht einwenden, der Bank stehe jedenfalls - aufgrund eines "ungeschriebenen" Rechtssatzes - eine "angemessene" Vergütung zu; denn selbst wenn das zutreffen sollte, würde das doch keinesfalls für eine Überwindung der Hürde des § 8 AGBG genügen, wie insbesondere für das Parallelproblem im Rahmen der §§ 612 II, 632 II BGB, 354 HGB anerkannt ist[54].

50 Vgl. BGH ZIP 1996, 1079, 1082.

51 Vgl. dazu z.B. BGHZ 95, 362, 370; 118, 126, 127; kritisch gegenüber dieser Rechtsprechung mit guten Gründen *Joost*, ZIP 1996, 1689 f.

52 Vgl. dazu näher *Canaris*, WM 1996, 239 f.

53 So BGHZ 124, 254, 256; ebenso oder ähnlich z.B. BGHZ 116, 117, 119; BGH NJW 1993, 1128, 1129.

54 Vgl. BGHZ 116, 117, 119; *Canaris*, WM 1996, 240 m.w.Nachw.

b) Ablehnung einer Inhaltskontrolle nach § 242 BGB oder analog § 315 III BGB

Man sollte sich auch nicht dazu verleiten lassen, hier eine Verschärfung des Maßstabs von § 138 BGB durch einen Rückgriff auf § 242 BGB als Mittel der Inhaltskontrolle oder durch eine Analogie zu § 315 III BGB vorzunehmen. Dafür könnte man allerdings auf den ersten Blick vielleicht anführen, daß der Kreditnehmer, wie dargelegt, von vornherein keine Möglichkeit zu einem nicht nur rechtlich, sondern auch faktisch freien Aushandeln der Vorfälligkeitsentschädigung hat. Indessen genügt das nicht, um § 242 BGB als Mittel der Inhaltskontrolle heranzuziehen[55] oder § 315 III BGB analog anzuwenden. Das folgt schon daraus, daß die Korrektur derartiger Ungleichgewichtslagen auch und gerade eine genuine Funktion, ja sogar eines der Hauptanwendungsfelder von § 138 BGB darstellt. Außerdem folgt die mißliche Verhandlungssituation des Kreditnehmers allein daraus, daß er durch einen Vertrag gebunden ist und dessen Auflösung begehrt. Eine etwaige Verschärfung der Inhaltskontrolle gegenüber den Maßstäben von § 138 BGB müßte daher folgerichtig bei allen Auflösungsverträgen Platz greifen, die auf Wunsch und im Interesse einer Partei geschlossen werden. Ein derartiger Rechtssatz aber ist dem geltenden Recht fremd.

5. Die Problematik einer "angemessenen" Höhe der Vorfälligkeitsvergütung

Steht somit fest, daß im wesentlichen nur § 138 BGB als Mittel zur Kontrolle von Vorfälligkeitsvergütungen in Betracht kommt, so ist nunmehr die dafür relevante, bisher aber zurückgestellte Frage zu klären, was deren "angemessene" Höhe ist[56].

a) Kriterien für die Ermittlung der "Angemessenheit"

Ausgangspunkt für deren Ermittlung muß folgerichtig sein, daß die Bank die Zinsen für die Restlaufzeit des Vertrags bei vorzeitiger Ablösung nicht

---

55 Unzutreffend daher insoweit LG Karlsruhe WM 1996, 574, 575 f.

56 Vgl. dazu auch, wenngleich sowohl in der Problemstellung als auch in den Ergebnissen z.T. anders als hier *Wenzel*, WM 1995, 1438 f; W. *Weber*, NJW 1995, 2951 ff.

mehr erhält. Deren restlicher Gesamtbetrag ist somit zunächst zugrunde zu legen.

Da die Vorfälligkeitsentschädigung sofort bezahlt wird, ist jedoch eine entsprechende Abzinsung vorzunehmen, weil die Bank die Zinsen ja eigentlich erst in der Zukunft - und zwar i.d.R. sukzessive - erlangt hätte. In Anlehnung an die Entscheidung des BGH zur Nichtabnahmeentschädigung wird man ferner gewisse Abzüge dafür zu machen haben, daß sich der Verwaltungsaufwand für die weitere Abwicklung des Kreditverhältnisses erübrigt und das - zu diesem Zeitpunkt freilich oft stark gesunkene - Kreditrisiko durch die sofortige Rückzahlung des Restbetrags entfällt.

Hinzu kommt, daß die Bank die Möglichkeit zur umgehenden Wiederanlage des vorzeitig zurückerlangten Betrags hat. Diesen Vorteil muß sie nach dem Sinn und Zweck des Ablösungsvertrags bei der Berechnung der Vorfälligkeitsentschädigung grundsätzlich berücksichtigen; denn es geht hier ja um die Ermittlung des Werts, den ihre Restforderung für sie hatte, und deren Einbuße wird naturgemäß durch die Vorteile der vorzeitigen Liquiditätserlangung teilweise kompensiert. Dabei braucht die Bank sich allerdings grundsätzlich nicht im Wege eines sogenannten Aktiv-Aktiv-Vergleichs die Gewinne aus einer Wiederausleihung des Geldes für einen Vertrag gleicher Art - also ein langfristiges grundpfandrechtlich gesichertes Darlehen - anrechnen zu lassen. Ebenso wie im Rahmen von § 252 BGB ist nämlich grundsätzlich davon auszugehen, daß sie dieses Geschäft auch ohne den betreffenden Rückfluß von Mitteln hätte tätigen und also den Gewinn hätte erzielen können - jedenfalls solange sie ihr aufsichtsrechtliches Kreditkontingent bzw. den Rahmen von § 7 HypBankG nicht voll ausgeschöpft hat[57]. Als Anrechnungsposten kommen daher insoweit lediglich die ersparten Refinanzierungskosten in Betracht.

Auch deren Zugrundelegung ist indessen problematisch, weil die Laufzeit eines neuen Grundpfanddarlehens in aller Regel länger als die Restlaufzeit des alten Darlehens ist, die Refinanzierung aber grundsätzlich in Kongruenz mit der Laufzeit des neuen Darlehens zu erfolgen hätte. Daher wird man der Bank zugestehen müssen, statt dessen diejenigen Zinsen als Abzugsposten anzusetzen, die sie bei einer Anlage des vorzeitig zurückgeflossenen Betrags *am Kapitalmarkt* in sicheren Anlageformen wie Bundes

---

57 Vgl. *Canaris*, Bankvertragsrecht, aaO, Rdn. 1334a; zustimmend *Köndgen*, aaO, S. 146 f; *Hopt/Mülbert*, aaO, § 609 Rdn. 51 a.E.

obligationen oder Termingeldern während der Restlaufzeit des vorzeitig getilgten Darlehens erzielen kann; der Einwand, daß sie diese Zinsen auch sonst erwirtschaftet hätte, entfällt hier naturgemäß. Da die Bank diese Vorteile erst später sukzessive erhält, sind auch sie folgerichtig auf den Zeitpunkt der Zahlung der Ablösungsentschädigung zu diskontieren - dieses Mal zu Lasten des Kreditnehmers.

Hinzuzurechnen ist schließlich noch ein angemessenes Tätigkeitsentgelt für die Bank, da es ja nicht um Schadensersatz, sondern um die Ermittlung eines Preises geht. Folglich kommt der Grundsatz zum Zuge, daß ein Kaufmann nichts umsonst zu tun braucht und zu tun pflegt - ein Rechtsgedanke, der anerkanntermaßen u.a. § 354 HGB zugrunde liegt.

b) Die Behandlung eines Disagios

War ein Disagio vereinbart, so ist dieses nach denselben Grundsätzen zu behandeln, d.h. es ist dem Kreditnehmer nicht zu erstatten, auch wenn es rechtlich den Charakter von Zinsen hat[58], wohl aber ist es abzuzinsen. Auch für das Disagio gilt nämlich, daß die Bank es einerseits bei planmäßiger Abwicklung des Vertrags voll verdient hätte, nun aber andererseits vorzeitig zurückerhält, weil es in den abzulösenden Betrag miteinzubeziehen ist.

Selbstverständlich darf die Bank jedoch das Disagio nicht im Ergebnis doppelt erhalten. War das Darlehen zu weniger als 100% ausgezahlt worden und wird es nun zu 100% (vorzeitig) zurückgezahlt, so kann sie daher nicht noch zusätzlich zu den (restlichen) Zinsen das Disagio verlangen, da dieses hier ja schon in der Valuta enthalten ist. Ebensowenig steht ihr das Disagio gesondert zu, wenn nicht auf Nominal-, sondern auf Realzinsbasis abgerechnet wird und es also schon bei der Ermittlung der Zinshöhe mitberücksichtigt ist.

Andererseits braucht sie sich aber grundsätzlich auch nicht dessen bisher "unverbrauchten" Teil zu Lasten ihrer Vorfälligkeitsentschädigung anrechnen zu lassen, da dieser ihr als Vertragsgewinn gebührt. Ist freilich das Zinsniveau inzwischen stark gestiegen und kommt die Bank daher in den Genuß eines erhöhten Wiederanlagezinses, so ist dieser Vorteil im vorliegenden Zusammenhang, d.h. bei der Ermittlung der "angemessenen" Höhe der Vorfälligkeitsentschädigung folgerichtig aus denselben Gründen und

58 Ebenso i.E. OLG Schleswig WM 1996, 443.

nach denselben Regeln zu berücksichtigen wie sie soeben bezüglich der vorzeitig zurückgezahlten Zinsen entwickelt worden sind[59].

c) Die rechtliche Relevanz des "angemessenen" Preises

Welche rechtliche Relevanz hat nun der so ermittelte "angemessene" Preis? Selbstverständlich ist er für die Bank nicht verbindlich, da diese die Höhe der Vorfälligkeitsentschädigung nach dem Prinzip der Vertragsfreiheit grundsätzlich nach eigenem Gutdünken festlegen kann. Wohl aber wird er als Vergleichsmaßstab im Rahmen von § 138 BGB relevant, wenn sich entweder ein Marktpreis für Vorfälligkeitsentschädigungen - der sich ja auf die Rückzahlung eines Darlehens zu *vergleichbaren Konditionen* beziehen muß - nicht feststellen lassen sollte oder wenn dieser in einem krassen Mißverhältnis zu dem angemessenen Preis steht. Im letzteren Fall kann der Marktpreis der Sittenwidrigkeitsprüfung grundsätzlich nicht zugrunde gelegt werden, da es hinsichtlich der Vorfälligkeitsvergütung, wie gesagt, an einem funktionstüchtigen Wettbewerb fehlt.

Dabei ist zu bedenken, daß sich die vorzeitige Rückzahlung des Kredits für die Bank in einer Hochzinsphase ganz anders auswirkt als in einer Niedrigzinsphase. In ersterer erspart sie nämlich hohe Refinanzierungskosten oder erzielt hohe Zinsen am Kapitalmarkt, so daß der "angemessene" Preis entsprechend gering ist; in einer Niedrigzinsphase liegt es dagegen umgekehrt. Überaus bedenklich sind daher Vorfälligkeitsentschädigungen, die sich ohne Rücksicht auf das jeweilige Zinsniveau einfach nach einem bestimmten Prozentsatz des Restkapitals richten; die sich dabei ergebenden Beträge müssen bei der Prüfung nach § 138 BGB jedenfalls in Relation zu dem "angemessenen" Preis gesetzt werden, der unter Berücksichtigung des *derzeitigen* Zinsniveaus zu ermitteln ist.

---

59 Das bedeutet keineswegs, daß die Vorfälligkeitsentschädigung *immer* um einen entsprechenden Betrag zu kürzen ist, da deren zulässige Höhe über der "angemessenen" liegen kann, vgl. sogleich im Text. Wenn der BGH demgegenüber in der Entscheidung WM 1996, 2047 Leitsatz 4 davon auszugehen scheint, daß die Anrechnung eines solchen Betrags immer und in voller Höhe zu erfolgen hat, so kann dem in dieser Allgemeinheit nicht gefolgt werden, weil eine solche Lösung mit dem Charakter der Vorfälligkeitsentschädigung als Entgelt und der daraus folgenden Einschlägigkeit des Grundsatzes der Vertragsfreiheit nicht vereinbar ist; übrigens findet dieser Leitsatz in den Gründen des Urteils keine tragende Stütze, sondern stellt ein bloßes obiter dictum dar, für dessen Erhebung zu einem Leitsatz kein zureichender Grund ersichtlich ist.

Umgekehrt gilt: Je niedriger die "angemessene" Vorfälligkeitsentschädigung ist, desto höher darf der Prozentsatz sein, um den sie überschritten wird. Steckt z.B. in dieser wegen Übergangs in eine extreme Hochzinsphase nahezu gar kein Zinsschaden und also kaum mehr als eine Tätigkeitsvergütung, so ist m.E. gegen eine Überschreitung um bis zu 100% oder sogar etwas mehr grundsätzlich nichts einzuwenden. Ist der Zinsschadensanteil dagegen verhältnismäßig hoch, würde sich seine Verdoppelung für den ablösenden Kreditnehmer wesentlich nachteiliger auswirken, so daß auch der Prozentsatz einer zulässigen Überschreitung des "angemessenen" Betrags entsprechend niedriger ausfallen muß und ein Zuschlag von 100% weit überzogen wäre.

Dagegen kann man von der Bank m.E. nicht verlangen, daß sie den "sichersten" Weg geht und sich allein am Zinsschaden zuzüglich einer Tätigkeitsvergütung orientiert. Die Funktion eines Preises liegt ja gerade darin, daß die Kalkulationsbasis nach dem Prinzip der Vertragsfreiheit grundsätzlich in das Belieben der betreffenden Partei gestellt ist. Die Bank soll eben nicht in allen Einzelheiten exakt ihren Schaden berechnen oder gar die Grundlagen dieser Berechnung offenlegen müssen, sondern sich auf eine *überschlägige Kalkulation* beschränken dürfen. Demgemäß sollten sich auch die Gerichte im Rahmen von § 138 BGB grundsätzlich mit einer verhältnismäßig *pauschalen Kontrollrechnung* begnügen. Gelangt man dabei freilich in bedenklich erscheinende Höhen, wird man mitunter um eine exakte Rechnung nicht herumkommen.

V. Die Problematik einer Pflicht der Bank zu einem Eingehen auf den Ablösungswunsch des Kreditnehmers

1. Denkbare Anspruchsgrundlagen des Kreditnehmers

Ich komme nunmehr zum letzten Problemfeld: der Frage, ob die Bank u.U. verpflichtet ist, auf einen Abslösungswunsch des Kreditnehmers einzugehen. Dabei liegt auf der Hand, daß hier die Suche nach einer geeigneten Anspruchsgrundlage wegen des Grundsatzes "pacta sunt servanda" große Schwierigkeiten bereitet.

a) Ablehnung einer Gleichbehandlungspflicht der Bank

Von vornherein auszuscheiden hat dabei eine Pflicht der Bank, sich zu einer vorzeitigen Ablösung des Kredits deshalb bereitzufinden, weil sie das gegenüber anderen Kreditnehmern getan hat[60]. Denn weder steht die Bank diesen in einem Über-Unterordnungsverhältnis im Sinne der iustitia distributiva gegenüber noch bilden die Kreditnehmer untereinander eine Gemeinschaft, so daß die beiden zentralen Kriterien für die Anwendung des Gleichbehandlungsgrundsatzes nicht erfüllt sind[61].

b) Ablehnung einer allgemeinen Pflicht der Bank zur Akzeptierung eines "gleichwertigen" Ersatzkreditnehmers

Die Bank ist auch nicht generell verpflichtet, einen vom Kunden präsentierten Ersatzkreditnehmer zu akzeptieren[62] - und sei dieser auch bonitätsmäßig "gleichwertig". Zwar hat der BGH das einmal im Rahmen von § 254 II 1 BGB bejaht, doch hat er dabei auf die Umstände des Einzelfalls abgestellt[63]. Außerdem ist die Lage im vorliegenden Zusammenhang insofern eine andere, als die Bank ihren ursprünglichen Kreditnehmer ja noch hat und es überhaupt erst um die Frage geht, ob sie ihn aus dem Vertrag entlassen muß; in dem vom BGH entschiedenen Fall war dieser demgegenüber bereits gemäß § 326 BGB in ein schadensersatzrechtliches Abwicklungsverhältnis übergegangen.

c) Die Möglichkeit einer Mitwirkungspflicht der Bank aus § 242 BGB in Ausnahmefällen

Es bleibt somit allenfalls die Möglichkeit einer Pflicht der Bank aus § 242 BGB zu einer Mitwirkung an der Aufhebung des Darlehensvertrags. Eine solche ist dogmatisch in der Tat durchaus vorstellbar. So ist z.B. anerkannt, daß die Mitglieder einer Personengesellschaft aufgrund ihrer

60 A.A. *Reifner*, NJW 1995, 89.
61 Vgl. *Canaris*, Bankvertragsrecht, 3. Aufl. 1988, Rdn. 121.
62 Ebenso *Wenzel*, WM 1995, 1436; a.A. *Metz*, ZBB 1994, 210.
63 Vgl. BGH WM 1990, 174, 176.

Treupflicht gehalten sein können, einer Änderung des Gesellschaftsvertrags zuzustimmen[64].

Allerdings besteht zwischen Darlehensgeber und Darlehensnehmer keine ähnlich enge Treubindung wie zwischen Gesellschaftern und erst recht kein Gemeinschaftsverhältnis. Immerhin handelt es sich jedoch auch hier um ein Dauerschuldverhältnis und um eine Beziehung mit einem besonderen Vertrauenscharakter. Demgemäß wird der Kreditnehmer häufig mit gutem Grund erwarten, daß die Bank ihm gerade wegen der besonderen Probleme, die sich aus der Langfristigkeit der Bindung ergeben können, in Ausnahmesituationen entgegenkommt. Außerdem kann die Bank ihre Geschäfte mit langfristigen Krediten ja nur deshalb machen, weil der Kreditnehmer diese für langfristige Planungen benötigt; schlagen diese fehl, so ist es daher durchaus folgerichtig, von ihr u.U. eine gewisse Rücksicht auf den Kreditnehmer zu erwarten - zumindest, wenn ihre eigenen Interessen dabei im wesentlichen gewahrt bleiben.

2. Kriterien für die Bejahung einer Mitwirkungspflicht der Bank

a) Die Notwendigkeit zum Verkauf des finanzierten Objekts

Paradigmatisch für eine derartige Konstellation scheint mir wiederum der vom LG Hannover entschiedene Fall zu sein[65]. Einerseits war hier der Kreditnehmer aufgrund seines wirtschaftlichen Zusammenbruchs zu einem Verkauf des finanzierten Grundstücks genötigt und hatte überdies auch noch die Chance zur Erzielung eines hohen Gewinns aus diesem Geschäft, andererseits bot er der Bank die Aufhebung des Kreditvertrags zu der von *dieser* verlangten Vorfälligkeitsentschädigung an. Hier wird man in der Tat nach § 242 BGB sagen müssen, daß die Bank schon ganz besonders triftige Gründe hätte haben müssen, um den Abschluß eines Aufhebungsvertrags abzulehnen. Daß der Kreditnehmer den Vorbehalt machte, die Höhe des Angebots der Bank auf ihre rechtliche Korrektheit überprüfen und die Entschädigung dann gegebenenfalls teilweise zurückfordern zu wollen, genügte

64 Vgl. statt aller *Karsten Schmidt*, Gesellschaftsrecht, 2. Aufl. 1991, § 5 IV m. umf. Nachw.

65 Vgl. LG Hannover WM 1995, 192, 193; insoweit im wesentlichen zustimmend auch *Nobbe*, Neue höchstrichterliche Rechtsprechung zum Bankrecht, 6. Aufl. 1995, Rdn. 839; *Wenzel*, WM 1995, 1436.

dafür wohl nicht, da ein solcher Rechtsvorbehalt in einer Zwangslage kaum mehr als eine zulässige Selbstverständlichkeit ist.

Relevant kann in *diesem* Zusammenhang auch werden, daß der Kreditnehmer zur Stellung eines gleichwertigen Ersatzkreditnehmers in der Lage ist - aber eben nicht als allein ausschlaggebender Umstand, sondern nur als eines von mehreren Elementen im Rahmen der Gesamtabwägung.

Dagegen ist es folgerichtig grundsätzlich nicht von ausschlaggebender Bedeutung, ob der Kredit für private oder für gewerbliche bzw. berufliche Zwecke bestimmt ist. Es geht also keineswegs darum, hier Sonderregeln für den Konsumentenkredit zu entwickeln.

b) Der Wunsch zur Umschuldung oder zur Verwendung freier Liquidität

Ganz anders ist die Interessenlage, wenn der Kreditnehmer lediglich günstig umschulden oder unverhofft erlangte Liquidität zur Darlehensrückzahlung verwenden will. In solchen Fällen sollte man eine Auflösungspflicht aus Respekt vor dem Grundsatz "pacta sunt servanda" und vor der Privatautonomie der Bank grundsätzlich verneinen.

Anders mag zu entscheiden sein, wenn das Vergütungsangebot des Kreditnehmers so hoch ist, daß seine Ablehnung geradezu als Schikane i.S. von § 226 BGB anzusehen wäre. Das Kriterium des fehlenden Eigeninteresses der Bank genügt dagegen für sich allein nicht. Ihm kommt zwar wesentliches Gewicht im Rahmen der Gesamtabwägung zu, doch reicht es als selbständige Grundlage für einen Aufhebungsanspruch nicht aus; denn nach dem elementaren Prinzip der Vertragsfreiheit muß es der Bank grundsätzlich selbst überlassen bleiben, ob und wann sie ein für sie vorteilhaftes Angebot annimmt.

c) Die Möglichkeit zu einem gewinnbringenden Verkauf des finanzierten Objekts

Um einen Grenzfall handelt es sich, wenn der Kreditnehmer sich zwar nicht unter Verkaufsdruck befindet, aber aufgrund besonderer Umstände die Möglichkeit zu einem gewinnbringenden Verkauf hat. Bietet er der Bank (mindestens) die bei dieser übliche Vorfälligkeitsvergütung an, darf diese aufgrund ihrer Treubindung m.E. die Gewinnchance jedenfalls dann nicht zerstören, wenn diese evident ist.

Dabei muß es sich allerdings, wie bereits angedeutet, um eine außergewöhnliche, d.h. nach dem normalen Verlauf der Entwicklung nicht zu erwartende Gewinnchance handeln. Preiserhöhungen auf dem Grundstücksmarkt, wie sie erfahrungsgemäß immer mal wieder vorkommen, reichen dagegen nicht aus, um eine Ablösungspflicht der Bank zu begründen; denn anderenfalls käme man zu dem untragbaren Ergebnis, daß der Kreditnehmer einerseits die Vorteile eines langfristigen Kreditvertrags ausnutzen und sich andererseits vorzeitig von diesem lösen könnte, wenn sich seine - u.U. spekulative - Erwartung auf ein Steigen der Grundstückspreise realisiert.

d) Das Zusammenspiel der Gesichtspunkte im Rahmen eines "beweglichen Systems"

Insgesamt dürften es somit verhältnismäßig wenige Gesichtspunkte sein, die im Rahmen der Gesamtabwägung zu berücksichtigen sind. Keiner von ihnen darf verabsolutiert werden, so daß die im Vorstehenden erörterten Fallgruppen lediglich exemplarischen Charakter haben und nicht im Sinne einer festen Tatbestandsbildung mißverstanden werden dürfen. Man kann daher hier einmal mehr von der Entwicklung eines "beweglichen Systems" i.S. *Wilburgs* sprechen[66].

3. Der Inhalt der Mitwirkungspflicht der Bank

Noch nicht völlig geklärt ist bisher die Rechtsfolge. Muß die Bank sich überhaupt auf Verhandlungen einlassen, wenn der Kreditnehmer anders als im von mir immer wieder erwähnten Fall des LG Hannover nicht seine Bereitschaft zur Zahlung der von ihr geforderten Vorfälligkeitsvergütung erklärt? Ich möchte das grundsätzlich bejahen[67]. Denn wenn die Bank überhaupt zur Zustimmung zu einer Aufhebung des Darlehensvertrags verpflichtet sein kann, dann muß sie erst recht zuvor zu Verhandlungen bereit

---

66 Vgl. *Wilburg*, Entwicklung eines beweglichen Systems im bürgerlichen Recht, 1950.

67 Die Rechtsfigur einer Verhandlungspflicht erscheint mir grundsätzlich als eine fruchtbare Bereicherung des privatrechtlichen Instrumentariums, vgl. dazu *Horn*, AcP 181 (1981), 255 ff; *Nelle*, Neuverhandlungspflichten, 1993; *Eidenmüller*, ZIP 1995, 1063 ff.

sein, um die Möglichkeit einer einvernehmlichen Kreditablösung zu erkunden.

Verweigert die Bank jegliches Angebot oder macht sie ein sittenwidrig überhöhtes, obwohl die tatbestandlichen Voraussetzungen eines Auflösungsanspruchs vorliegen, ist dieser folgerichtig auf einen Verzicht gegen eine lediglich "angemessene" Vergütung gerichtet - die somit auch hier wieder eine Rolle spielt. Geht umgekehrt der Kreditnehmer auf eine Vergütungsforderung der Bank nicht ein, gegen die aus Rechtsgründen nichts einzuwenden ist, so verliert er einen etwaigen Aufhebungsanspruch. Auf diese Weise ist zugleich sichergestellt, daß eine Verletzung der Verhandlungspflicht nicht sanktionslos bleibt, was diese naturgemäß ineffizient machen würde.

VI. Zusammenfassende Thesen

1. Der Kreditnehmer hat grundsätzlich, d.h. vorbehaltlich der Ausnahme unter These 6, keine rechtliche Möglichkeit, sich ohne freiwillige Mitwirkung der Bank vorzeitig von einem langfristigen Vertrag mit fester Zinsbindung zu lösen (vgl. oben II 2).

2. Verweigert der Kreditnehmer die Abnahme des Darlehens, so kann die Bank nach § 326 BGB vorgehen (vgl. oben III 1). Statt dessen kann sie grundsätzlich auch Erfüllung, d.h. Zahlung der vereinbarten Zinsen verlangen (vgl. oben III 2). Vertragliche Vereinbarungen über eine Nichtabnahmeentschädigung sind i.d.R. als Pauschalierungen des Schadensersatzanspruchs aus § 326 BGB zu verstehen (vgl. oben III 3). Die umstrittene Frage, ob der Zinsmargen- und der Zinsverschlechterungsschaden nur alternativ oder auch kumulativ geltend gemacht werden kann, stellt ein Scheinproblem dar (vgl. oben III 1 d).

3. Die sogenannte Vorfälligkeitsentschädigung, die die Bank von dem Kreditnehmer für ihr Einverständnis mit der vorzeitigen Aufhebung des Kreditvertrags verlangt, ist rechtlich regelmäßig als Preis und nicht als bloße Schadensersatzpauschale anzusehen (vgl. oben IV 1 a-c). Ein Widerspruch zu der entgegengesetzen Qualifizierung der Nichtabnahmeentschädigung liegt darin nicht (vgl. oben IV 1 d); auch von einer Schlechterstellung des vertragstreuen gegenüber dem vertragsbrüchigen Kreditnehmer kann keine Rede sein (vgl. oben IV 1 e).

4. Als Mittel zur inhaltlichen Kontrolle des Aufhebungsvertrags kommt grundsätzlich nur § 138 BGB, nicht dagegen § 9 AGBG, § 242 BGB oder eine Analogie zu § 315 III BGB in Betracht (vgl. oben IV 3 und 4). Bei einer Prüfung der Höhe der Vorfälligkeitsentschädigung nach § 138 BGB ist grundsätzlich ein verhältnismäßig strenger Maßstab anzulegen, weil der ablösungswillige Kreditnehmer nicht die Möglichkeit zu einem Ausweichen auf eine andere Bank hat und es insoweit an einem funktionstüchtigen Wettbewerb fehlt (vgl. oben IV 3 a). Als Vergleichsgröße sind daher nicht nur die marktübliche und die bei der betreffenden Bank übliche, sondern grundsätzlich auch die "angemessene" Vergütung heranzuziehen (vgl. oben IV 3 b). Letztere ist im wesentlichen auf der Grundlage eines sogenannten Aktiv-Passiv-Vergleichs zu ermitteln (vgl. oben IV 5 a und b). Sie bildet jedoch für die Bank nicht die Obergrenze für die zulässige Höhe der Vorfälligkeitsvergütung, sondern darf grundsätzlich erheblich überschritten werden (vgl. oben IV 5 c).

5. Ist die Vorfälligkeitsvergütung sittenwidrig überhöht und der Aufhebungsvertrag daher nach § 138 BGB nichtig, führt das grundsätzlich nicht dazu, daß der Kreditvertrag ipso iure wieder auflebt. Vielmehr bedarf es einer Kondiktion des von der Bank erklärten Verzichts, der als Verfügungsvertrag rechtlich selbständig ist. Diese kann an § 817 S. 2 BGB scheitern, so daß die Bank die Zinsen endgültig verliert, doch setzt das voraus, daß sie den Sittenverstoß wissentlich begangen oder geradezu die Augen davor verschlossen hat. Ist das nicht der Fall, hat die Bank nach § 818 II BGB einen Anspruch auf den "Wert" ihres Verzichts, d.h. auf die übliche bzw. die angemessene Vorfälligkeitsvergütung (vgl. oben IV 4 c).

6. In besonders gelagerten Ausnahmefällen wie vor allem dann, wenn der Kreditnehmer unter starkem Verkaufsdruck hinsichtlich des finanzierten Objekts steht, kann die Bank nach § 242 BGB zu einer Mitwirkung an der Aufhebung des Kreditvertrags verpflichtet sein, sofern der Kreditnehmer die von ihr geforderte, nicht sittenwidrig überhöhte Vorfälligkeitsvergütung zu zahlen bereit ist (vgl. oben V 1 c und 2).

Die vorzeitige Beendigung von Finanzierungen aus der Sicht des Kreditnehmers, insbesondere des Verbrauchers[1]

Prof. *Dr. Norbert Reich*, Universität Bremen

Inhaltsübersicht

---

1 Erweiterte Fassung gegenüber der Kurzfassung, die auf dem Bankrechtstag vorgetragen wurde; die Vortragsform wurde beibehalten. Herrn cand. iur. H. Jacobsen danke ich für Hilfe bei der Materialaufbereitung.

I. Zur Themenstellung

Mein Referat befaßt sich mit verbraucherrechtlichen Problemen der vorzeitigen Beendigung langfristiger Finanzierungen. Ich werde das Thema in vier Schritten zu entwickeln versuchen. Zunächst ist etwas generell zu sagen über das Problem von Langfristigkeit als Regelungsproblem, bei dem Informationsunsicherheiten, Asymmetrien in Verhandlungssituationen sowie unvorhergesehene Entwicklungen im Budget privater Haushalte eine besondere, vom Recht zu bewältigende Rolle spielen. In einem zweiten Schritt werde ich einige "traditionelle" und "neuere" Instrumente und Überlegungen zur Lösung der bei der vorzeitigen Beendigung langfristiger Finanzierungen auftretenden Probleme darstellen; dies geschieht in einem eher rechtstheoretischen als in einem rechtsdogmatischen Kontext. Der dritte Teil des Referates wird auf die zur Zeit kontroverse Diskussion um sog. Vorfälligkeitsentschädigungen eingehen, die höchstrichterlicher Klärung harrt, aber bereits zu einer umfangreichen instanz- oder obergerichtlichen Kasuistik geführt hat, die von einer kontrovers geführten Auseinandersetzung begleitet wird[2]. In einem vierten Teil werde ich das Problem eines "Kündigungsschutzes" bei langfristigen Finanzierungen von Privathaushalten und dessen Folgen behandeln, wobei die Rückwirkung vollstreckungsschutzrechtlicher Regelungen auf privatrechtliche Kündigungsinstrumente im Vordergrund des Interesses steht.

---

2 Dazu das RWS-Script 282 von *R. Metz/F. Wenzel*, Vorfälligkeitsentschädigung - Entgelt für die Vertragsauflösung oder Schadenersatz?, 1996 (im folgenden Metz bzw. Wenzel, No); *Reifner*, NJW 1995, 87, 2245 gegen *Weber*, NJW 1995, 2951.

II. "Langfristigkeit" als Problem des Verbraucherrechtes

1. Begriffsklärung

Wenn das Thema auf Rechtsfragen im Zusammenhang mit langfristigen Finanzierungen aus Verbrauchersicht bezogen ist, so wird damit, wenn ich die Veranstalter richtig verstehe, auf das typische Modell des privaten Haushalts, etwa zum Wohnungsbau bzw. Ausbau und Renovierung sowie zum Grundstückserwerb gewährten Hypothekarkredits verwiesen. Diese Kreditform hat im Laufe der Zeit bestimmte Charakteristika angenommen, die sich in den Stichworten vom Annuitätentilgungsdarlehen als Leitbild des Realkredits, der Zinsfestschreibung, der Abschnittsfinanzierung bei vorrangiger Sicherung durch Hypothek oder Grundschuld durch die Kredit gebende Bank (eine Hypothekenbank, (Bau-)Sparkasse; aber auch ein sonstiges Kredit- oder Finanzinstitut wie etwa eine Versicherungsgesellschaft) charakterisieren lassen[3]. Diese Kredite sind gemäß der Neufassung von § 3 Abs. 2 Nr. 2 VerbrKrG von bestimmten Regelungen ausgenommen, sofern es sich um Kreditverträge handelt, nach denen der Kredit von der Sicherung durch ein Grundpfandrecht abhängig gemacht und zu für grundpfandrechtlich abgesicherte Kredite üblichen Bedingungen gewährt wird. Die Regelungen über Unkündbarkeit bei Festzinsvereinbarungen sind in dem 1987 neugefaßten § 609a Abs. 1 Nr. 2 und 3 in Verbindung mit § 609 BGB festgehalten. Dies hat zur Folge, daß während der höchstens 10 1/2jährigen Festzinsvereinbarung der Kreditnehmer und die Bank nicht ordentlich kündigen können. Einer "außerordentlichen" Kündigung wird die Kredit gebende Bank nur gegen Entrichtung einer sog. Vorfälligkeitsentschädigung oder eines Vorfälligkeitsentgeltes zustimmen, die in jüngster Zeit zu erheblichen Streitfragen geführt hat. Umgekehrt hat die Bank, die i.d.R. einen gem. §§ 794 Nr. 5, 800 ZPO vollstreckbaren Titel besitzt, ein außerordentliches Kündigungsrecht, das in ihren AGBs unter bislang wenig hinterfragten Umständen besonders wegen Zahlungsrückstand festgeschrieben ist und über die allgemeinen Rechtsgedanken der Beendigung von Dauerschuldverhältnissen weit hinausgeht. Auf beide speziellen Fragen werde ich im Laufe des Referates noch genauer zu sprechen kommen.

---

3 *Köndgen*, Gewährung und Abwicklung grundpfandrechtlich gesicherter Kredite, 3. Aufl. 1994, S. 9 ff; *Staudinger-Hopt/Mülbert*, § 609a, Rdn. 6 ff; *Bruchner/Ott/Wagner-Wieduwilt*, Komm. z. VerbrKrG, 2. A., § 3 Rdn. 81 ff.

2. Beendigungsgründe

Die Gründe für eine vorzeitige "außerordentliche Beendigung" sind wenig erforscht; jeder Jurist und jede Juristin, die sich mit diesen Fragen beschäftigten, hat hierzu mangels empirischer Untersuchungen einen eigenen Schatz von "anecdotal evidence", bei dem Aspekte der multiplen Überschuldung privater Haushalte aus persönlichen, wirtschaftlichen oder sozialen Gründen ebenso eine Rolle spielen wie Mobilitäts- und Verwertungsinteressen des Kreditnehmers bzgl. des finanzierten Vermögensobjektes. Typischerweise ist die außerordentliche Beendigung von einem Geflecht informeller Verhaltensweisen der kreditgebenden Bank mit dem kreditnehmenden Schuldner gekennzeichnet, in denen das Recht zwar einen Verhaltensrahmen abgibt, aber das Verhalten selbst nur begrenzt determiniert.

Zunächst scheint es, daß die beiden Problemstichworte "Vorfälligkeitsentschädigung bzw. Vorfälligkeitsentgelt" auf der einen Seite und "außerordentliche Kündigung durch die Bank" zwei unterschiedliche Handlungsformen der beteiligten Akteure, nämlich des privaten Kreditnehmers auf der einen und der kreditgewährenden Bank bzw. eines sonstigen Kredit- oder Finanzinstitutes auf der anderen bezeichnen. Beim Problem Vorfälligkeitsentschädigung bzw. -entgelt geht es regelmäßig darum, daß sich der Kreditnehmer aus der ihm lästigen Fessel der Festzinsbindung lösen will, sei es, daß die Hypothekenzinsen zwischenzeitlich gefallen sind, sei es, daß aus Umständen, die in seiner Risikosphäre liegen, das Grundstück veräußert werden soll oder muß und der Erwerber das zur Finanzierung verwendete Grundpfandrecht nicht oder nicht zur festgeschriebenen Höhe übernehmen will. Kreditgewährende Institute werden ohne entsprechende Vorfälligkeitsentgelte bzw. -entschädigungen die Löschungsbewilligung nicht erteilen und können auf diese Weise die Mobilität des Verbrauchers und Verwertbarkeit der "equity" i.S. des in seinem Grundbesitz angesparten Nettokapitals verhindern. Die geforderten Entgelte bzw. Entschädigungen können insbesondere bei fallenden Zinsen erhebliche Beträge ausmachen und bei ohnehin knappen Haushaltsbudgets, wie sie in Fällen einer Scheidung, Arbeitsplatzkrise usw. nicht untypisch sind, zu einer weiteren Belastung führen, die die im Grundbesitz steckende "equity" weitgehend aufzehrt oder, wie im Englischen plastisch formuliert wird, als "negative equity" überschreitet.

Umgekehrt bedeutet die vorzeitige Kreditkündigung durch das kreditgewährende Institut den ersten Schritt zu entsprechenden Vollstreckungsmaßnahmen in das Grundstück, auf dem das Grundpfandrecht lastet. Diese Verfahren können lange dauern und sind in ihrer vollstreckungsschutzrechtlichen Eigenheit etwa gem. §§ 30a ff ZVG in ihrer Rückwirkung auf die privatrechtlichen Befugnisse der kreditgebenden Bank darzustellen. Hier stellt sich als primäre Frage, welche Voraussetzungen für eine solche außerordentliche Kündigung des kreditgebenden Instituts vorliegen müssen und ob die entsprechenden AGB-Klauseln einer Inhaltskontrolle standhalten. Zusätzlich werde ich die Problematik diskutieren, inwieweit bereits bei Beginn, nicht erst bei der Durchführung der Vollstreckung selbst, "soziale Erwägungen" i.S. eines Kündigungsschutzes eine Rolle spielen. Wenn auch im deutschen Recht bis etwa auf kontroverse Arbeiten von *Reifner*[4] hierzu wenig zu lesen ist, so ist das Recht anderer EG-Staaten hierzu ergiebiger und wird deshalb vergleichend herangezogen[5].

In der Praxis ist es allerdings häufig so, daß die Grenzen zwischen dem Problembereich "Vorfälligkeitsentschädigung", der durch den vorzeitigen Beendigungswunsch des Privatdarlehensnehmers ausgelöst wird, und der außerordentlichen Kündigung der Bank wegen Kreditgefährdung enger miteinander zusammenhängen, als es die Rollenverteilung vermuten läßt. Häufig sind es gerade Umschichtungen bzw. Verknappungen der Mittel eines privaten Haushaltes, die etwa durch Umzug, Familientrennung und Scheidung und Arbeitslosigkeit ausgelöst werden, die zur Notwendigkeit einer vorzeitigen Veräußerung und damit Ablösung von grundpfandrechtlich gesicherten Krediten führen. Diese "freihändige Verwertung" ist aber nur möglich mit Hilfe des kreditgewährenden Instituts, das es über die Löschungsbewilligung in der Hand hat, die Mobilität des im Grundstück angelegten "equity"-Kapitals des Privatkunden entscheidend zu steuern. Davon hängt es ab, ob es dem überschuldeten Privathaushalt durch Verwertung der im Grundstück auch durch Tilgungsleistungen angesammelten "equity" gelingt, sich zu sanieren oder nicht. Daß die Bank in diesem "privaten Sanierungsfall" ihre Interessen wahren will und muß, ist selbstverständlich und wird, um das ganz klar zu betonen, auch von Protagonisten des Verbraucherschutzes nicht bezweifelt.

---

4 *Reifner*, Handbuch des Kreditrechts, 1991, § 30 Rdn. 16 ff.

5 Vgl. *Wilhelmsson*, Social Contract Law and European Integration, 1994, pp. 168, 202, 207; *ders.*, Critical Studies in Private Law, 1992, pp. 180 ff.

3. Problemverständnis aufgrund von Langfristigkeit

Mein Versuch, die entstehende Interessenkollision unter dem Topos der Langfristigkeit zu entwickeln, leitet damit zu einem ganz generellen Problem langfristiger Bindungen von privaten Haushalten im Zusammenhang mit Finanzdienstleistungen im weiten Sinne über. Mit der Expansion der Finanzdienstleistungsmärkte in den letzten 10 bis 15 Jahren waren Rechtspraxis und Rechtswissenschaft hiermit zunehmend beschäftigt, ohne daß allseits konsensfähige Lösungen gefunden worden wären. Ich möchte nur auf einige Stichworte hinweisen, um Ihnen zu zeigen, daß das Problem der Langfristigkeit kein spezielles des Hypothekarkredites ist, sondern sich in anderen Bereichen, wenn auch jeweils in anderer Problematik und Rollenverteilung, überraschend ähnlich zeigt.

Im Bereich des Versicherungsvertragsrechtes hat es bekanntlich eine intensive Diskussion um sog. 10-Jahres-Verträge gegeben, die einerseits erst durch Spruch des Bundesgerichtshofes, andererseits durch die EG-Anpassungsgesetzgebung 1994 zum Teil beendet wurde[6]. In seinen Urteilen vom 13.7.1994[7] hat der Bundesgerichtshof die Wirksamkeit von 10-Jahres-Laufzeit-Klauseln in der Schadensversicherung vor der Novelle 1991 unter anderem deshalb an § 9 Abs. 1 AGBG scheitern lassen, weil hierin "eine erhebliche Belastung des Versicherungsnehmers ... in der Einschränkung der Dispositionsfreiheit bei Abschluß des Vertrages" liege. Der BGH führt dann wörtlich aus:

> insbesondere kann es für den Versicherungsnehmer außerordentlich belastend sein, wenn er die Versicherung nicht an unvorhergesehene Veränderungen wirtschaftlicher Umstände anpassen und ggf. ganz darauf verzichten kann, das Risiko weiter zu versichern. Bei einer Vertragsdauer von 10 Jahren ist es für viele Versicherungsnehmer nicht vorherzusehen, ob sie etwa arbeitslos werden, eine berufliche Selbständigkeit verlieren, wirtschaftliche Scheidungsfolgen hinnehmen müssen oder in Vermögensverfall geraten ...

Bei der Lebensversicherung zeigt sich das Problem der "Langfristigkeit" daran, wie etwa die Rückkaufwerte in den ersten Jahren zu bemessen sind, die bekanntlich wegen Einbeziehung hoher Abschlußkosten niedrig ausfallen und es bei vorzeitiger Beendigung dem privaten Versicherungsnehmer

---

6 Dazu *Reich* und *Frielé*, in: Basedow u.a. (Hrsg.), Informationspflichten, Vers.wiss. Studien 2, 1995, s. 91 ff, 131 ff.

7 BGH NJW 1994, 2693 (2695).

unmöglich machen, seine "equity" in Form angesammelter Ersparnisse auch nur unverzinst zurückzubekommen[8].

Schließlich hat die Frage der Bürgschaftsübernahme bzw. Schuldübernahme durch mittellose Ehegatten und Familienmitglieder zu einer erheblichen Diskussion geführt, die erst durch Intervention des Bundesverfassungsgerichtes und durch eher erzwungene denn freiwillige Gefolgschaft des Bundesgerichtshofes gelöst werden konnte[9]. Ungeachtet aller ausgefeilten und kontroversen Diskussionen besteht auch hier das Regelungsproblem in einer Diskrepanz zwischen kurzfristig übernommenen Risiken und langfristigen nicht mehr überschaubaren Vermögensdispositionen, die nicht einfach mit Hinweis auf die Vertragsfreiheit auch bei riskanten Geschäften gelöst werden können, wie der BGH noch 1995 judizierte[10].

Ich will nun hier nicht behaupten, daß das Problem, das uns heute beschäftigt, bankrechtsdogmatisch oder verbraucherrechtstheoretisch mit den dort skizzierten Problemen langfristiger Bindungen von Privatpersonen bei Finanzdienstleistungen identisch sei. Mir geht es nur darum, Sie auf den Problemkomplex "Langfristigkeit" aufmerksam zu machen, der je nach Rechtsgeschäft, Finanzdienstleistungstyp und Regelungszusammenhang entsprechend ausgewogene Lösungen verlangt, die nicht durch vorschnelle Formeln von "pacta sunt servanda"[11] einerseits oder "social force majeure"[12] definitorisch verdrängt werden können.

4. "Relational contracts"

Es wäre dogmatisch sehr reizvoll, die etwa im US-amerikanischen Zivilrecht begonnene Diskussion von *MacNeil* über "Relational Contracts"[13] auf langfristige Verbraucherverträge umzusetzen. *MacNeil* und seine Schule haben gegen den Ansatz der ökonomischen Analyse des Rechtes bei

---

8 *Reifner*, in: Basedow, aaO, S. 179 ff.

9 Zuletzt BGH NJW 1996, 513, 1274; dazu *Pape*, NJW 1996, 887; *Tiedtke*, ZIP 1995, 521; *Blaurock*, ZEuP 1996, 314; auf Einzelheiten kann hier natürlich nicht eingegangen werden.

10 BGH NJW 1994, 1278, 1341; 1995, 592.

11 *Medicus*, AcP 188, 489.

12 *Wilhelmsson*, Critical Studies, aaO, S. 180 ff.

13 *MacNeil*, The New Social Contract: An Inquiry into Modern Contractual Relations, 1980, pp. 64 ff; dazu *Joerges*, Franchising and the law, 1991, pp. 11 ff; *Martinek*, Moderne Vertragstypen III, 1993, S. 366 ff; *Schäfer/Ott*, Ökonomische Analyse des Rechts, 2. Aufl. 1995, S. 521 ff.

bestimmten Verträgen, vor allem im kaufmännischen Bereich, auf die Besonderheiten langfristiger Bindungen hingewiesen, die sich gegenüber dem "diskretionären" und klassischem Vertrag des "common law" durch neuartige und Unsicherheit verheißende Prinzipien wie Rollenintegrität, Solidarität, Fortsetzung der Beziehung, Ausgleich vertraglicher Konflikte u.ä. auszeichnen. Häufig wird man allerdings die Trennungslinie nicht so scharf nachvollziehen können, wie das *MacNeil* und seine Schule behauptet haben; *Martinek* weist zu Recht auf die Mischung "diskretionärer" und "relationaler Elemente" in langfristigen Vertragsverbindungen hin[14].

Diese Überlegungen, die bislang für Verbraucherverträge wenig ausformuliert sind, liefern uns sicherlich keine Lösung des Problemes, helfen aber, Probleme zu erkennen, die in der Langfristigkeit von Bindungen auch in dem hier gegeben Themenkomplex liegen. Konkret geht es dabei um Anpassungen des Vertragsinhaltes an Veränderungen des Umfelds des Kreditnehmers, die durch die allgemeine Geld- und Zinsentwicklung, Arbeitsmarktrisiken, Mobilitätsbedürfnisse und ähnliches auftreten.

In einem nächsten Schritt ist daher zunächst zu fragen, welche Antwort die traditionellen Lösungen des Vertrags- und Verbraucherrechts bieten, und wie diese ggf. weitergedacht werden müssen.

III. Unterschiedliche Lösungsansätze

1. Entscheidungsfreiheit bei und nach Vertragsschluß

Das herkömmliche, neuerdings insbesondere durch EG-Recht vermittelte Instrumentarium des Verbraucherschutzes setzt die Sicherung der Entscheidungsfreiheit als vorrangiges Ziel im Zeitpunkt des Vertragsschlusses an[15]. Dieser Ansatz findet sich exemplarisch im Verbraucherkreditgesetz wieder, das auf die hier diskutierte Problematik nicht anwendbar ist; eine Erweiterung der EG-Richtlinie 87/102 auch auf langfristige, 20.000 ECU übersteigende Grundpfandkredite steht aber zur Diskussion[16]. Dies geschieht durch Statuierung entsprechender Informationspflichten, Aufklärungsobliegenheiten und Widerrufsmöglichkeiten. Dieses Instrumentarium ist sicherlich dann ausreichend, wenn es um kurzfristige Dispositionen geht, die ökono-

14 *Martinek*, aaO, S. 369.
15 *Reich*, Europäisches Verbraucherrecht, 3. Aufl. 1996, No. 1.
16 EG-KOM (95) 117 end. v. 11.5.1995.

misch effizient und verbraucherrechtlich ausgewogen in der Tat nur unter Bedingungen optimaler Entscheidungsfreiheit funktionieren können. Damit ist aber gleichzeitig impliziert, daß spätere Entwicklungen und Veränderungen von dieser bei Vertragsschluß gegebenen Freiheit grundsätzlich mit abgedeckt sind. Das Risiko der weiteren Vertragsdurchführung wird dadurch grundsätzlich nicht geändert.

Auch die gerade im Konsumentenkredit spezifische Rechtsprechung etwa zur Sittenwidrigkeit bzw. Überforderung ändert hieran nichts. Sie bezieht sich jeweils auf den Zeitpunkt des Vertragsschlusses und die dann gegebene Lage des Verbrauchers. Die in anderen Bereichen angesiedelten Aufklärungspflichten der Bank, etwa bei bestimmten Anlageformen, betreffen jeweils Risiken, die bei Vertragsschluß erkennbar waren oder doch bei gehöriger Prüfung erkennbar hätten sein müssen. Die spätere Entwicklung etwa einer Anlageform ist Sache des Anlegenden selbst; Fehleinschätzungen der Marktentwicklung oder der eigenen wirtschaftlichen Leistungsfähigkeit haben grundsätzlich die andere Vertragspartei nicht zu interessieren[17].

Genau wie unser allgemeines Zivilrecht vom Modell des kurzfristigen Austauschvertrages, dem sog. "diskretionären Rechtsgeschäft" im Sinne *MacNeils* ausgeht, sind auch die modernen Instrumente des Verbraucherschutzes an diesem Vertragsmodell ausgerichtet. Die besondere Problematik langfristiger Bindungen, wie sie etwa vom BGH in dem oben zitierten Urteil über 10-Jahres-Verträge bei Versicherungen angesprochen sind, wird erst ansatzweise deutlich. Es geht letztlich darum, für Fragen der aufgrund geänderter Umstände notwendigen Vertragsanpassung flexible und interessegerechte Lösungen zu finden. Dies ist, wie zu zeigen sein wird, mit dem Instrumentrium des Zivilrechts ohne Rückgriff auf das Verfassungsrecht zu erreichen.

2. Gesichtspunkte für eine Modifikation der h.M.

Zugegebenermaßen gibt es bislang weder den Sondertypus des "langfristigen Verbrauchervertrages" noch etwa Sonderregelungen für die Abwicklung von Störungen, die im Rahmen der Durchführung solcher Verträge auftreten. Mir geht es nur darum, das Problem zu diskutieren und Lösungsmöglichkeiten vorzustellen, ohne damit für die konkret zur Erörte-

17 Dazu BGH NJW 1987, 1817 (1818); *Derleder*, JZ 1989, 165.

rung stehenden Fragen bereits Lösungen vorwegzunehmen. Ich selbst möchte zwei Gesichtspunkte hervorheben und auf die Rechtsvergleichung verweisen:

a) Das Informations- und Transparenzproblem stellt sich bei langfristigen Verbraucherverträgen ganz besonders für die Vertragsentwicklung während der Laufzeit und nach Beendigung. Die Abschlußtransparenz, wie sie im AGBG, im Verbraucherkreditgesetz, in den einschlägigen EG-Richtlinien usw. gefordert wird, reicht hier nicht aus. Interessant ist das Beispiel der Lebensversicherung, wo der Anhang II zur Dritten Richtlinie 92/96/EWG[18] dem Versicherungsnehmer das Recht gibt, jährlich über den Stand der Gewinnbeteiligung unterrichtet zu werden. Dieser Gedanke einer laufzeitentsprechenden Transparenz ist m.E. durchaus erweiterungsfähig und wird in verschiedenen langfristig angelegten Finanzdienstleistungen auch bereits freiwillig praktiziert. Beim Annuitätendarlehen bekommt der Darlehensnehmer im Regelfall eine Aufstellung der in den einzelnen Jahren zu erbringenden Leistungen, wobei Zins- und Tilgungsanteil getrennt ausgewiesen sind. Auf diese Weise hat der Darlehensnehmer eine Übersicht über die Entwicklung des Darlehens bei vertragsgemäßer Rückführung von Zinsen und Tilgung. Die Frage ist, ob dieser Grundsatz rechtlich kodifiziert und erweitert werden kann; dazu komme ich unten. Umgekehrt ergibt sich bei langfristigen Anlageformen eine periodische Rechnungslegungspflicht der Bank bereits aus Geschäftsbesorgungsrecht[19].

b) Fraglich ist, ob während der Vertragslaufzeit eine Art Rücksichtnahmepflicht des stärkeren Vertragsteils, im Regelfall also des Kreditgebers, dogmatisch verankert werden kann. Soweit der Bankvertrag Elemente eines Geschäftsbesorgungsverhältnisses enthält, ist diese Rücksichtnahme Teil einer allgemeinen Interessewahrungspflicht und ergibt sich gerade aus der Langfristigkeit der Beziehungen. Es ist zu überlegen, ob dieser Gedanke auch auf langfristige Finanzierungen übertragen werden kann. Sicherlich sind bei der langfristigen Finanzierung die Austauschelemente überwiegend, da die Bank für die Kapitalausleihung ihre Kosten aus der Refinanzierung decken und einen Zinsgewinn hereinholen will, während dem Kreditnehmer umgekehrt an einer Darlehensnutzung zu marktüblichen Bedingungen gelegen ist.

---

18 ABl L 360/1 v. 9.12.1992, umgesetzt in Anhang D zu § 10a VAG i.d.F. v. 21.7.1994 (BGBl I 1630).

19 Dazu *Wosnitza*, Das Recht auf Auskunft im bankvertraglichen Dauerschuldverhältnis, 1991, S. 138 ff.

Nebenpflichten i.S. von Aufklärung, Schutz, Rücksichtnahme u.a. können sich allerdings aus besonderen Umständen ergeben[20]. Dies ist insbesondere dann der Fall, wenn die Bank an der Initiierung, Durchführung und Finanzierung des Projektes, für das das grundpfandrechtlich gesicherte Darlehen dient, aktiv mitgewirkt hat[21]. Die Verknüpfung von Hypothekendarlehen mit einer Lebensversicherung löst eine "erhöhte Rücksichtnahme(pflicht)" aus[22]. Die Stellung eines Ersatzkreditnehmers kann ebenfalls Grund für eine Rücksichtnahmepflicht der Bank sein[23]. Bei der Kreditvergabe an Private werden Interessewahrungspflichten gerade wegen des langfristigen Charakters in Frage kommen, etwa im Zusammenhang mit der Beleihbarkeit, der Prüfung wirtschaftlicher Risiken des Projektes, der Auszahlungsmodalitäten und ähnliches. Die Aufklärungs-, Untersuchungs- und Prüfungspflichten nimmt hier die Bank nicht nur im eigenen Interesse wahr, sondern auch im Interesse des Kunden, den sie berät. Insoweit also diese quasi-geschäftsbesorgungsmäßigen Elemente der langfristigen Finanzierung betroffen sind, ist der klassische Satz, wonach das Verwendungsrisiko des Darlehens beim Kreditnehmer liegt, durch Nebenpflichten überlagert.

c) Ein weiteres Problem ergibt sich aus dem Hineinspielen vollstreckungsschutzrechtlicher Regeln in das materielle Zivilrecht. Herrschendem Zivilrechtsdenken ist diese Frage weitgehend fremd, wie die frühere Bürgschaftsrechtsprechung des IX. Senates des BGH gezeigt hat: Korrekturen der überzogenen Inanspruchnahme privater Bürgen sollten danach durch das Vollstreckungs- und nicht durch das materielle Zivilrecht erfolgen. Nach dem Beschluß des BVerfG vom 19.10.1993 dürfte feststehen, daß diese Trennung von materiellem Recht und Vollstreckungsrecht nicht mehr aufrechterhalten werden kann. Dabei ist strittig, ob und inwieweit dieser Gedanke einer Verbindung von privatrechtlich gesicherter Vertragsfreiheit und vollstreckungsrechtlich gefordertem Sozialschutz verallgemeinert werden kann. Dazu folgen unten einige Überlegungen.

---

20 *Staudinger-Hopt/Mülbert*, § 607 Rdn. 351; *Derleder*, JZ 1989, 165 (168); *Wosnitza*, aaO, S. 186 ff; *Köndgen*, aaO, S. 47 ff: Umkehrung des Regel-/Ausnahmeverhältnisses.

21 *Staudinger-Hopt/Mülbert*, § 607 Rdn. 352 ff; *Reifner*, S. 51 ff; enger *Canaris*, Bankvertragsrecht, 3. Aufl. Rndr 109 ff; BGH WM 1986, 156 für die Finanzierung der Beteiligung an einem steuersparenden Bauherrenmodell.

22 BGH ZIP 1987, 1105 (1106).

23 ZIP 1990, 1054 (1056).

3. Rechtsvergleichung (Auswahl einiger EU-Staaten)

a) Das *französische Recht* hat seit langem eigene Lösungsmöglichkeiten für die hier angesprochenen Probleme entwickelt, die soweit ersichtlich die Entwicklung langfristiger Möglichkeiten für Privatkunden nicht behindert haben. Art. L 312-21 des Code de la consommation, der auf ein Gesetz vom 13.11.1979 zurückgeht, ermöglicht dem Kreditnehmer generell ein "remboursement anticipé" ohne einen besonderen Kündigungsgrund; die Entschädigung wird durch Dekret festgeschrieben und liegt z.Zt. bei 3% der noch ausstehenden Restsumme[24]. Die Berechnung der Zinsen im Fall vorzeitiger Rückzahlung ist in der "offre préalable" anzugeben[25]. Nach der Rechtsprechung der Cour de Cassation[26] gehören diese Vorschriften zum "ordre public", können also durch Parteivereinbarung oder Rechtswahl nicht abbedungen werden. Das Comité consultatif des Conseil national du credit hat 1995 einen ausführlichen Bericht über die Wirkung dieser Vorschriften auf den Hypothekenenmarkt und den Verbraucherschutz vorgelegt[27]. Art. 312-22 regelt die Verzugszinsen bei Nichtzahlung des Verbrauchers. Daneben besteht die Möglichkeit einer richterlichen Moderierung von Vertragsstrafen gem. Art. 1152 und Art. 1231[28]. Art. 1244-1 des Code civil enthält die Möglichkeit einer bis zu zweijährigen richterlichen "délai de grace compte tenu de la situation du débiteur et en considération des besoins du créancier".

b) Das *belgische Recht* hat im Gesetz vom 4.8.1992 den Verbraucher-Hypothekarkredit[29] neu geregelt. Art. 26 läßt die jederzeitige vollständige Rückzahlung des Kapitals zu. Die teilweise Rückzahlung kann begrenzt, aber nicht vollständig ausgeschlossen werden. Die Höhe der Entschädigung ("indemnité") bestimmt sich nach Art. 12; sie wird vom ausstehenden Kapital berechnet und darf eine vierteljährliche Zinszahlung nicht über-

---

24 Zu den (hohen) Kosten vgl. die Kritik von *Steinmetz*, Semaine juridique (JCP), Ed. N, No. 29 - 1993.

25 Cass. civ. 1re - 30.3.1994, D.1994.IP.102.

26 Cass. civ. 1re - 2.12.1992, INC Hebdo No. 845 du 4 fév. 1994, Epoux C c/ Caisse d'épargne de Nantes.

27 Rapport du comité consultatif 1994-1995, Chap. 7.

28 Dazu *Pizzio*, Code de la consommation, Comm., 2. Aufl. 1996, p. 339; *Calais-Auloy/Steinmetz*, Droit de la consommation, 4ème éd. 1996, No. 384.

29 Moniteur Belge 19.8.1992, in Kraft seit 1.1.1993; dazu *Jans u.a.*, La réforme du crédit hypothécaire, Louvain-la-Neuve, 1993; *Balate/Biquet-Mathieu/Henrion*, Le Droit du crédit, controle judiciaire et droit applicable en matière de crédit hypothécaire, RDC dossier 2-1995.

schreiten. Die Rückzahlungsmodalitäten müssen in der Urkunde angegeben werden. Art. 45 regelt den Verzug mit geschuldeten Zahlungen; der Gläubiger muß innerhalb von drei Monaten mit eingeschriebenem Brief auf die Konsequenzen der Nichtzahlung hinweisen. Art. 59 sieht vor, daß vor Zwangsmaßnahmen eine Art Schlichtung ("conciliation") vor dem Vollstreckungsgericht stattfindet.

c) Das *finnische Verbraucherschutzgesetz* vom 20.1.1978 hat in einer Änderung vom 8.1.1993 im Zusammenhang mit der Übernahme von EG-Richtlinie 87/102 in Kap. 7 einen § 12 (4) aufgenommen, der dem Verbraucher bei Krediten über 100.000 FM, die über mehr als 3 Jahre gehen und eine Zinsfestschreibung vorsehen, ein außerordentliches Kündigungsrecht gibt; zu ersetzen ist lediglich der Zinsverschlechterungsschaden, d.h. der (pauschalierte) Verlust, der der Bank bei der zu schlechteren Bedingungen möglichen Wiederanlage des Kapitals entsteht. Nach § 16 hat der Gläubiger kein Kündigungsrecht, wenn der Verzug auf Krankheit oder Arbeitslosigkeit oder einen anderen Umstand, der dem Verbraucher nicht zuzurechnen ist, zurückgeführt werden kann, sofern nicht mit Rücksicht auf die Dauer des Verzugs und andere Umstände dies dem Gläubiger offensichtlich unzumutbar ist.

d) Dem *englischen Recht* waren Festzinshypotheken bislang nicht bekannt, so daß die Problematik der Vorfälligkeitsentschädigung nicht besteht. Building societies bieten jedoch in letzter Zeit verstärkt Festzinshypotheken an. Einen Kündigungsschutz gibt es nicht, aber der District Court hat gem. Sec. 36 des Administration of Justice Act 1970 die Möglichkeit, den Antrag des Gläubigers auf "repossession" durch eine "time order" für eine "reasonable period of time" auszusetzen. Diese kann je nach Situation des Schuldners von 2 Jahren bis zur Gesamtdauer der vereinbarten Zahlung liegen, wenn die reelle Chance besteht, daß der Schuldner die Valuta mit aufgelaufenen Zinsen zurückzahlen kann[30].

e) Das *italienische Recht* hat durch Dekret No. 385 vom 1.1.1993 ausdrücklich eine Rückführungsmöglichkeit geschaffen, wobei die Entschädigung im Vertrag festgelegt wird.

f) Das *spanische Recht* kennt Festzinshypotheken so gut wie gar nicht; ein vorzeitiges Rückzahlungsrecht bei Festzinskrediten gibt es nur bei

---

30 Zur str. Frage der Dauer (2 Jahre bis Gesamtdauer der vereinbarten Zahlung) vgl. CA, Western Bank v. Schindler (1977) Ch 1; Cheltenham Build. Soc. v. Evans (Urt. v. 5.12.1995).

Verbraucherkrediten gem. Umsetzung der EG-Richtlinie 87/102 durch Ley 7/1995[31]. Bei variablen Krediten läßt Ley 2/1994 eine vorzeitige Rückzahlung gegen eine Schadenspauschale von höchstens 1% auf das Restkapital zu.

g) Das *dänische Recht* läßt 10-jährige Bindungsklauseln zu, soweit das Verbraucherkreditgesetz nicht anwendbar ist[32]. Die Kündigung von Hypotheken ist nur unter eingeschränkten Gründen gem. § 42b des Grunderwerbs- und § 36 des Vertragsgesetzes möglich. Die Parteien müssen ein vom Justizministerium genehmigtes Vertragsformular verwenden, wo die Kündigungsgründe enumerativ aufgeführt sind. Bei Zahlungsrückstand muß der Schuldner innerhalb von 7 Tagen nach qualifizierter Abmahnung zahlen; sonst kann der Gläubiger das Darlehen kündigen. Den "social force majeure"-Einwand kennt das dänische - anders als das finnische - Recht nicht.

h) Das *niederländische Recht* kennt keine ausdrückliche Regelung des hier angesprochenen Fragenkreises. Doch haben die niederländischen Banken in einer Selbstregelung festgelegt, daß der Verbraucher-Kreditnehmer jährlich 10% des Kapitals entschädigungsfrei zurückzahlen kann; besondere Regelungen gelten im Todesfall, bei Umzug oder Aufnahme einer neuen Hypothek. Die Banken verpflichten sich, bei finanziellen Schwierigkeiten mit dem Verbraucher in Verhandlungen zu treten[33].

i) Die *EG-Richtlinie 87/102* gilt bekanntlich nicht für die hier in Frage stehenden Finanzierungen. Die jederzeitige Rückführungsmöglichkeit des Darlehens durch den Verbraucher gem. Art. 8 ist also nicht direkt anwendbar, enthält aber m.E. einen allgemeinen Rechtsgedanken[34]. Weiter ist vorgesehen, daß gem. den von den Mitgliedstaaten zu treffenden Regelungen der Verbraucher eine angemessene Ermäßigung der Gesamtkosten des Kredits verlangen kann; dieser Grundsatz ist ganz offenkundig nicht beschränkt auf die in der RiLi eher zufällig genannte Darlehensform und -höhe, sondern gilt allgemein. Umgekehrt kann die Bank ihren Schaden bzw. ihre Aufwendungen bei der Berechnung der dem Verbraucher zustehenden Ermäßigung geltend machen. Der Regelung liegt der Versuch eines Interessenausgleichs zugrunde, der auf die hier geschilderten Fallgestal-

---

31 Dazu *López Sánchez u.a.*, Servicios financieros, protección del consumidor en Espana, ZERP-dp 5/95, 1996, p. 23 ff.

32 Oberstes Gericht, Ugeskrift for Retsvaesen 1988, p. 145.

33 Persönliche Information von Prof. Nick Huls, Rijksuniversiteit Leiden.

34 So *Reifner*, NJW 1995, 88 gegen *Weber*, NJW 1995, 2952.

tungen analog anwendbar ist. Mit Kündigungsproblemen befaßt sich das EG-Recht nur indirekt in dem besonderen, für Finanzdienstleistungen geltenden Anhang 2 der RiLi 93/13, der bekanntlich nur Hinweisfunktion zur Konkretisierung des Mißbrauchstatbestandes hat. In unserem Zusammenhang spielt diese Liste keine besondere Rolle. Die für das EG-Recht wichtigen Fragen des freien Dienstleistungs- und Kapitalverkehrs im Zusammenhang mit der zinsvergünstigten Vergabe von hypothekarisch gesicherten Darlehen sind erstmals im Urteil des EuGH vom 14.11.1995[35] angesprochen worden. Nach Auffassung des EuGH gilt das Diskriminierungsverbot des Art. 59 (1) EGV hier zugunsten der im Ausland ansässigen Kreditinstitute; dies ist m.E. zu erweitern zugunsten aller Kreditnehmer-Verbraucher, die in ihrem "Grundrecht auf Wahlfreiheit" nicht aufgrund ihrer Nationalität diskriminiert werden dürfen[36]. Die Auswirkungen dieser Rechtsprechung auf beschränkende Regelungen hinsichtlich der grenzüberschreitenden Vermarktung bestimmter Hypothekenformen - etwa der deutschen Festzinshypothek in Belgien - aus Gründen des "intérêt public" sind noch nicht geklärt; in diesem Zusammenhang soll nicht näher darauf eingegangen werden. Letztlich ist auf die in dem bekannten "Bosmann"-Urteil hervorgehobene Bedeutung der Freizügigkeit gegen beschränkende mitgliedstaatliche Regelungen (etwa in § 609a BGB) hinzuweisen, auch wenn diese auf Privatrecht beruhen[37]. Das Mobilitätsinteresse des Verbrauchers wird vom EG-Recht jedenfalls dann geschützt, wenn es ihn in seiner Verknüpfung mit der Ausübung einer entgeltlichen Tätigkeit in einem grenzüberschreitenden Zusammenhang trifft. Dies kann durchaus auch bei der Notwendigkeit der vorfälligen Ablösung einer Festzinshypothek der Fall sein, wenn damit ein Umzug ins EG-Ausland verbunden und durch faktische Unmöglichkeit der Verwendung der im Grundstück liegenden "equity" erheblich erschwert wird.

35 Rs. C-484/93, Svensson/Ministère du logement, Slg. 1995 I-3955.
36 *Reich*, Europäisches Verbraucherrecht, aaO (Fn. 15), No. 43.
37 EuGH, NJW 1996, 505 (510 No. 96).

IV. Vorzeitige Kündigung des Festzinsdarlehens

1. Das gesetzliche Modell

Die in § 609a in Änderung des früheren § 247 alte Fassung vom Gesetzgeber gefundene Lösung ist ungeachtet der Abgrenzungsstreitigkeiten im einzelnen, auf die hier nicht eingegangen wird[38], in sich klar und konsistent: Der Gesetzgeber stellt den Parteien eines grundpfandrechtlich gesicherten Kredits mehrere Modelle der Finanzierung zur Verfügung, wobei die hier interessierende Form der sog. Festzinskredit ist. Dieser kann höchstens auf einen Zeitraum von 10 Jahren plus 1/2 Jahr Kündigungsfrist, d.h. 10 1/2 Jahren unter Ausschluß des ordentlichen, sonst gem. § 609 gegebenen Kündigungsrechtes beider Parteien abgeschlossen werden. Beginn und Ende dieser Frist mögen in vielen Fällen unklar sein und zu praktischen Auslegungsschwierigkeiten führen, insbesondere bei der Fortsetzung einer früheren Finanzierung. Auf diese, für die Rechtspraxis sicherlich wichtigen Punkte will ich jedoch nicht eingehen. Neben dem Typ Festzinskredit mit Abschnittsfinanzierung kann natürlich der private Darlehensnehmer auch einen variablen Kredit, evtl. mit einem besonderen Zinscap[39] wählen, für die die folgenden Überlegungen nicht gelten.

Der Festzinskredit hat für den privaten Darlehensnehmer den Vorteil der Überschaubarkeit der Finanzierung und Rückführung. Er mindert für ihn das Risiko steigender Darlehenszinsen bei Änderungen des Kapitalmarktes, hindert ihn aber umgekehrt bei fallenden Kapitalmarktzinsen bzw. bei Verwertungsmöglichkeit oder -notwendigkeit des finanzierten Objektes, an der für ihn günstigeren Zinsentwicklung teilzuhaben. Damit hat der Festzinskredit auch eine wettbewerbspolitische Bedeutung, worauf *Hopt/Mülbert*[40] richtig hinweisen:

> Dieser (Individual-)Schutz des Darlehensnehmers vor überlangen Bindungen bewirkt zugleich eine potentielle Verbesserung der Wettbewerbsbedingungen auf dem Markt für langfristige Darlehen. Die bereits tätigen berufsmäßigen Darlehensgeber (vor allem Banken, Versicherungen) können nicht mehr im bisherigen Maße durch Vergabe langfristiger Darlehen unter Ausschluß des ordentlichen Kündigungsrechtes des Darlehensnehmers diesen an sich binden und dadurch erhöhte Marktzutrittsschranken für neuhinzutretende potentielle Wettbewerber schaffen bzw. den Wettbewerb untereinander entschärfen.

---

38 *Staudinger-Hopt/Mülbert*, § 609a Rdn.53; *Metz* Nos. 14 ff.
39 Dazu *Brutschke*, VuR 1996, 43 (46).
40 *Staudinger-Hopt/Mülbert*, § 609a Rdn. 8.

Aus dieser Überlegung folgt zugleich, daß das Risiko von Schwankungen des Kapitalmarkts und damit des Hypothekenzinses durch außerordentliche Kündigungsrechte beim Festzinskredit nicht modifiziert werden können. Sollte sich das Zinsniveau entgegen den Erwartungen des Darlehensnehmers in der Festschreibperiode erheblich senken, so ist dies allein kein wichtiger Grund, den Vertrag zu kündigen oder eine Umschuldung zu verlangen. In diesem Punkt besteht auch weitgehend Einigkeit[41].

2. Aufhebungsvertrag oder Schadenspauschalierung?

Die eigentliche rechtliche Problematik beginnt jedoch dort, wo der Kreditnehmer ungeachtet der Festschreibung des Kredites diesen beenden will. Die Gründe hierfür sind, wie bei allen Kreditverhältnissen, sehr unterschiedlich. Es ist nun etwas vereinfacht, wie es in der bisherigen Diskussion geschehen ist, unterschiedliche Rechtsfolgen daran zu knüpfen, ob die vorzeitige Auflösung durch actus contrarius, begleitet um eine sogenannte Vorfälligkeitsabrede mit Entgeltvereinbarung erfolgte[42], oder ob zunächst eine Vertragsverletzung des Verbraucher-Darlehensnehmers durch die Kündigung vorliegt, die durch eine entsprechende Schadenersatzforderung, ähnlich wie bei der Nichtabnahmeentschädigung, kompensiert werden muß[43]. Im ersten Fall tendiert die herrschende Meinung, insbesondere die Gerichtspraxis, dazu, nach dem Grundsatz der Vertragsfreiheit die Vorfälligkeitsabrede nur im Rahmen des § 138 zu kontrollieren[44], ohne allerdings bislang plausible Kontrollmaßstäbe und Rechtsfolgen entwickelt zu haben. Im zweiten Fall steht bei pauschalierten Schadenersatzansprüchen der Kontrollmaßstab des § 11 Nr. 5 AGBG, sonst § 9 AGBG zur Verfügung; dabei sind allgemeine schadensrechtliche Gesichtspunkte, insbesondere über die Ermittlung des entgangenen Gewinns in Zusammenhang mit dem Bereicherungsverbot, zu beachten.

---

41 AG Dortmund, WM 1996, 1136.

42 *Wenzel* No. 178 ff.: Abschluß eines entgeltlichen Aufhebungsvertrages; *Weber*, NJW 1995, 2951 (2952).

43 *Metz* Nos 81 ff; *Reifner*, NJW 1995, 87 (88).

44 So LG München WM 1996, 579 = VuR 1996, 82; *Wenzel* Nos. 232 ff; OLG Hamm WM 1996, 442 (dazu *Wenzel*, EWiR 1995, 343).

a) Zustimmungspflicht der Bank zu einer (pflichtwidrigen) Kündigung des Kreditnehmers?

Zur Beantwortung der Rechtsfrage ist von dem Normalfall auszugehen, daß der Kreditnehmer nach geltendem Recht kein (außerordentliches) Kündigungsrecht hinsichtlich des Festzinsdarlehens hat, wenn er das Grundstück verkaufen, das Darlehen umschulden oder Sonderzahlungen leisten will. Die Bank kann also auf Erfüllung bestehen oder - bei endgültiger Erfüllungsverweigerung - Schadenersatz wegen Nichterfüllung verlangen. Die Vertragsfreiheit erlaubt in diesen Fällen auch den Abschluß einer Vereinbarung über die Kündigungsberechtigung und die Kündigungsfolgen.

Ein besonderer Fall liegt dann vor, wenn ausnahmsweise die Bank nach § 242 verpflichtet ist, der (an sich zunächst unberechtigten) Kündigung ihre Zustimmung zu erteilen. Dies gilt nach einer im Vordringen begriffenen Rechtsprechung dann, wenn durch eine Kündigungsverweigerung das Mobilitäts- und Verwertungsinteresse des Kunden an der im Grundstück liegenden "equity" ohne sachlichen Grund eingeschränkt wird, während die Interessen der Bank durch eine entsprechend liquide Ersatzleistung hinreichend gewahrt werden[45]. Ein Mißbrauchsfall liegt besonders dann vor, wenn die Bank selbst die Versteigerung betreibt, aber den Kunden nicht aus der Finanzierung entläßt[46]. Einen weiteren Fall hat die Rechtsprechung bei Stellung eines Ersatznehmers entwickelt, der nach Bonität dem ursprünglichen Darlehensnehmer gleichsteht und die Verpflichtungen aus dem geschlossenen Vertrag vollständig übernehmen will[47]. Wenn der Bank schon die Stellung eines Ersatzkreditnehmers zugemutet wird, obwohl im Kreditvertrag nichts Entsprechendes vorgesehen ist, kann von ihr umso mehr verlangt werden, bei der aus Sicht des Kreditnehmers notwendigen Aufhebung des Kreditvertrages mitzuwirken; dies ergibt sich bereits aus der Schadensabwendungs- und -minderungspflicht gem. § 254 II 1, I. Danach kann es die Bank sogar riskieren, bei Nichtmitwirkung den ursprünglich gegebenen Erfüllungsanspruch gekürzt zu bekommen, etwa wenn sie dadurch die günstige Veräußerung des Grundstücks verhindert hat, die sie hinsichtlich Kapital und Ersatzanspruch vollständig befriedigen würde. Auch *Wenzel* konzediert trotz seines anderen Ausgangspunktes, daß "das von der Bank zu beachtende Gebot der Rücksichtnahme auf die

---

45 LG Karlsruhe WM 1996, 574.
46 So der Fall des LG Hannover, WM 1995, 192.
47 BGH ZIP 1990, 1054 (1056).

berechtigten Belange ihres Vertragspartners sich ausnahmsweise zu einer Pflicht verdichten [kann], am Abschluß eines Aufhebungsvertrags mitzuwirken"[48].

Auf der anderen Seite gibt es die Fälle des Umschuldungs- und des Sonderzahlungswunsches[49], die als solche keine Mitwirkungspflicht der Bank auslösen. Letztlich kommt es auf eine einzelfallbezogene Interessenabwägung an[50]. Dabei ist es möglich, verallgemeinerungsfähige, der Rechtsklarheit dienende Fallgruppen zu bilden. Das sachlich begründete Verlangen des Kreditnehmers zum Objektverkauf löst dabei grundsätzlich eine Zustimmungspflicht der Bank (gegen liquide Ersatzleistung) aus, das Umschuldungs- oder Sonderzahlungsverlangen dagegen nicht. Dies ist grundsätzlich auf persönlich genutzte Grundstücke zu beschränken, nicht bei der Finanzierung von gewerblichen Objekten[51].

Da die nach § 242 bei Verkauf des privat genutzen Grundstücks der Bank zumutbare Zustimmung zur Kündigung den primären Erfüllungsanspruch untergehen läßt, ist damit Schadensersatz wegen Nichterfüllung geschuldet. Der Bank kann - anders als im Fall des §§ 626/628 - nicht zugemutet werden, wegen der in der Sphäre des Kreditnehmers liegenden Kündigungberechtigung auf ihren an die Stelle des Erfüllungsanspruches stehenden Schadensersatzanspruch zu verzichten; insoweit kann sie die Zustimmung zum "Kündigungsverlangen" auch von einer entsprechenden liquiden Ersatzleistung abhängig machen und diese in einer "Vorfälligkeitsvereinbarung" auch pauschalieren. Auf der anderen Seite ändert dies aber nichts daran, daß nicht ein neuer "Erfüllungsanspruch" aus der Kündigungsvereinbarung an die Stelle des untergegangenen alten Anspruches tritt; dieser wird vielmehr durch einen sekundären Schadensersatzanspruch ersetzt[52].

---

48 No. 229.

49 Preis oder Ersatz des Erfüllungsinteresses - Eine rechtsökonomische Analyse vorzeitiger Darlehensablösungen, in: *Ott/Schäfer* (Hrsg.), V. Symposium zur ökonomischen Analyse des Rechts, demnächst; Manuskript, S. 3 ff.

50 *Nobbe*, Höchstrichterliche Rspr. zum Bankrecht, 6. Aufl. S. 297. Ich würde nicht soweit gehen wie *Metz* No. 66, der generell Fragen der Mobilität ausreichen läßt; vom Kreditnehmer-Verbraucher ist eine Begründung des Mobilitätsverlangens zu verlangen, damit die Bank die Wahl zwischen Erfüllung und Schadenersatzanspruch wegen Nichterfüllung hat.

51 Insoweit stimme ich OLG München WM 1996, 1132 vom Ergebnis her zu.

52 Richtig LG Braunschweig WM 1996, 1135.

b) Vorformulierung und Aushandeln

Für die Kontrolle von Ablösevereinbarungen sind damit in der Praxis zwei Fallgestaltungen zu unterscheiden: im ersten, dem Regelfall löst das pflichtwidrige Kündigungsverlangen der Bank keinerlei Mitwirkungspflichten aus, im zweiten Fall - dem des berechtigten Verkaufswunsches des privat genutzten Objekts - hat die Bank eine Zustimmungspflicht. Kontrollmaßstab für eine Ablösungsvereinbarung ist im ersten Fall § 138, im zweiten Fall § 11 Nr. 5 AGBG.

So dogmatisch überzeugend die Unterscheidung ist, so verwischen sich doch in der Praxis die Unterschiede zwischen "Entgeltvereinbarung" und "Schadensersatzpauschalierung". Sie hat vor allem, worauf *Wehrt*[53] in seiner ökonomischen Analyse zu Recht hinweist, die Bedeutung, unterschiedliche "Preise" für die Zustimmung der Bank zur vorzeitigen Darlehensablösung zu begründen; die von den Banken als "vereinbart" geforderten Entgelte liegen durchschnittlich um 50% über den von ihm nach schadensrechtlichen Grundsätzen ermittelten Beträgen.

Der Streit, ob es sich um ein Vorfälligkeitsentgelt oder eine Vorfälligkeitsentschädigung handelt, ist also nicht frei von "Interessentenjurisprudenz". Eine dogmatisch saubere Lösung sollte m.E. von der oben entwickelten Unterschiedung ausgehen und folgendes beachten: Ungeachtet der Einordnungsfrage liegt in der vorzeitigen Ablösung bzw. eines dahingehenden Versuchs des Kreditnehmer-Verbrauchers eine atypische Entwicklung des Kreditvertrages vor, die aus dessen Langfristigkeit resultiert. Ein Aushandeln zwischen den Parteien in dieser Situation kann nur effizient funktionieren und Vertragsfreiheit i.S. von Selbstbestimmung garantieren, wenn eine Kontrolle durch Recht möglich bleibt. Denn bei dem Abschluß der "Vereinbarung" liegt keine wettbewerbliche Situation vor, in der unterschiedliche Anbieter um optimale Ablösungsbedingungen konkurrieren und in der die Parteien, wie bei der Vertragseingehung, privatautononom das Preis-/Leistungsverhältnis bestimmen und aushandeln können. Auch eine Versicherung für die Notwendigkeit einer vorzeitigen Darlehensablösung wird auf dem Markt nicht angeboten. Vielmehr ist der Wettbewerb strukturell aufgrund des typischen "tying"-Tatbestands in einer langfristigen Vertragsbeziehung beschränkt, der die Kontrollinstrumente des Privatrechts ähnlich dem Wettbewerbsrecht auf den Plan ruft. Das

---

53 Oben Fn. 49.

Marktversagen führt zur Legitimation rechtlicher Kontrolle des unter atypischen Bedingungen erfolgten Aushandelns. Die Kriterien hierfür können gerade deshalb, weil es um sekundäre Ansprüche in einer Abhängigkeitssituation geht, nicht der bloßen Parteivereinbarung überlassen bleiben. Es liegt eine ähnliche Lage wie bei Preisnebenabreden vor, wo inzwischen unstrittig ungeachtet § 8 AGBG die Inhaltskontrolle greift[54]. In beiden Fällen geht es um nachträgliche Preisnebenabreden, die einmal die Form einer "Vorfälligkeitsvereinbarung", im zweiten Fall die einer Schadenersatzpauschale annehmen.

Wenn hier das AGBG nicht direkt anwendbar ist, weil das Vorfälligkeitsentgelt bzw. die Entschädigung nicht durch AGB "gestellt" seien oder eine AGB-freie Entgeltpflicht betreffen, so ist auf die neue Rechtslage nach der EG-Richtlinie 93/13 ab 1.1.1995 hinzuweisen[55]. Denn diese erfaßt auch bloß für den Einzelfall "vorformulierte" Entgelt- oder Entschädigungsklauseln, wenn wegen der Vorformulierung der Verbraucher keinen Einfluß auf ihren Inhalt nehmen konnte. Diese mangelnde Einflußnahmemöglichkeit auf den Inhalt der vorformulierten Klausel über Vorfälligkeitsentschädigung bzw. Entgelt zeigt gerade die Rechtspraxis: Benötigt der Verbraucher-Darlehensnehmer zum Zwecke der Veräußerung des belasteten Grundstücks die Löschungsbewilligung der Bank, bekommt er diese aber nur gegen Anerkennung einer von der Bank vorformulierten Erklärung über ein zu entrichtendes Vorfälligkeitsentgelt, so erfolgt dessen Zahlung, weil anderenfalls die Löschung nicht zu erreichen ist und der Verkauf des Grundstücks scheitert bzw. erschwert wird, wenn der Käufer die Hypothek nicht übernehmen will[56].

Diese "vorformulierte Preisnebenbrede" ist damit der Inhaltskontrolle zugänglich. Diese muß daran anknüpfen, welcher Art von Entgelt hier gefordert wird, da es einen Markt von Vorfälligkeitsentgelten nicht gibt. Auch die suggestive Formulierung von *Köndgen* vom "Abkaufen" des Entgegenkommens des Kreditnehmers durch eine Abstandszahlung[57] kann einen solchen Markt nicht substituieren. Vielmehr will die Bank mit ihrer

---

54 *Wolf/Horn/Lindacher*, AGBG, 3. Aufl. 1995, § 8 Rdn. 16/17.

55 *Reich* No. 156r; *Reich*, NJW 1995, 1858; *Heinrichs*, NJW 1995, 156; 1996, 1381; auch *Metz* No. 148.

56 Die Meinung von *Weber*, NJW 1995, 2952, dann müsse eben der Verkäufer mit dem Preis nachgeben, übersieht die Realitäten des Grundstücksmarktes, wo der Käufer i.d.R. eine eigene Finanzierung bereitstellt; außerdem kann diesem die bestehende Finanzierung nicht "aufgedrängt" werden.

57 AaO (Fn. 3) S. 140.

Forderung nach einem Vorfälligkeitsentgelt den ihr durch die vorzeitige Ablösung entstehenden Schaden einschließlich entgangenen Gewinns ersetzt bekommen, da ihr Erfüllungsinteresse durch die vorzeitige vertragswidrige Rückführung verletzt wird. Der Schadensersatzanspruch stellt dabei die Untergrenze der von der Bank berechtigt geforderten Vorfälligkeitsvergütung dar; er kann in den Fällen des Objektverkaufs grundsätzlich auch nicht überschritten werden. Wenn sie allerdings der Kündigung nach der oben entwickelten Differenzierung nicht zustimmen muß, so wird sie einen zusätzlichen Preis fordern; dieser ist dann nach § 138 zu überprüfen. Auch die in ihren AGB häufig zu findende folgende Formulierung ändert an dieser differenzierten Qualifikation des Vorfälligkeitsentgelts als Rechtsfrage nichts:

> Erklärt sich die Bank auf Ersuchen des Darlehensnehmers ausnahmsweise bereit, das Darlehen vorzeitig zurückzunehmen, so unterliegt die Höhe der Entschädigung der freien Vereinbarung[58].

Die behauptete (kontroll-)freie Vereinbarung unterstellt eine Vertragssituation, die in dieser Form und mit dieser Folge dem Kreditnehmer-Verbraucher nicht bewußt ist. Die Bank wiederum versucht, ihre (berechtigte) Schadensersatzforderung in allen Fällen in eine "freie" Ablösungsvereinbarung umzudeuten, obwohl sie doch Folge einer gestörten Darlehensbeziehung ist, die durch eine Entschädigungsregelung abgegolten wird. Ungeachtet der nicht maßgeblichen Formulierung in der Ablösevereinbarung hat sie nicht das Abkaufen eines Rechts (auf Erfüllung) zum Inhalt, sondern die Regelung der Folgen einer in dem Kündigungsbegehren liegenden Vertragsverletzung, der der Gläubiger unter bestimmten Voraussetzungen zustimmen muß. Die Abrede hat also einen sekundären Folgenanspruch, nicht einen primären Leistungsanspruch zum Gegenstand. Die Herausgabe der Löschungsbewilligung ist dabei als Nebenfolge i.S. von § 1144 geschuldet und nicht selbständiger Leistungsbestandteil.

c) Notwendigkeit eines (erkennbaren) Vorbehalts bei "stillschweigenden Vereinbarungen"?

Vorfälligkeitsentgelte können auch stillschweigend vereinbart werden. Über diesen Grundsatz besteht Einigkeit. Die Frage ist allerdings, wann eine

---

58 *Wehrt*, aaO S. 14 - gleichzeitig zur ökonomischen Kritik dieser Klausel.

solche "stillschweigende Abmachung" vorliegt. Genügt es, daß das Ablösungsverlangen des Kreditnehmers mit einer entsprechenden Abrechnung der Bank beantwortet wird? Liegt in der vorbehaltlosen Zahlung der geforderten Summe bereits ein stillschweigendes Einverständnis zum Angebot der Bank auf Ablösung gegen eine Vorfälligkeitszahlung, die vom Richter nur in den Grenzen des § 138 kontrolliert werden kann?

In der Tat stellt ein Teil der Rechtspraxis bei der richterlichen Kontrolle von Vorfälligkeitsentschädigungen, insbesondere in der geradezu typischen Prozeßkonstellation der nachträglichen Rückforderung nach Bereicherungsrecht, sowie den einzelnen Berechnungsfaktoren (Einbeziehung des Disagios usw., dazu unten), darauf ab, ob der Darlehensnehmer bei Ablösung des Grundpfandrechts und Einforderung einer Vorfälligkeitsentschädigung durch die Bank sich seine Rechte vorbehalten hat oder nicht. Dieser Vorbehalt soll dann bedeuten, daß der "rechtliche Grund" i.S. des § 812 I 1 fehlt bzw. hinterher weggefallen ist. Ungeachtet der gleich zu erörternden dogmatischen Bedenken hinsichtlich der Vorbehaltskonstruktion führt ein Abstellen hierauf dazu, den "schlauen", fachlich beratenen und damit eher seine Rechte wahrenden Verbraucher gegenüber dem "vertrauensseligen" Verbraucher zu bevorzugen, der im Glauben auf die Richtigkeit der Abrechnung der Bank, ohne Kenntnis seiner Rechte und unter dem Druck der Veräußerungsnotwendigkeit von einem Vorbehalt absieht.

Geht man unbefangen an das Problem heran, so stellt man fest, daß die Vorbehaltskonstruktion mit einer Reihe von Fiktionen und Unterstellungen arbeitet. Ein Teil der hierauf fußenden Rechtsprechung geht zunächst davon aus, daß die Vorfälligkeitsvereinbarung eine "Individualvereinbarung" sei, die der AGB-Kontrolle nicht unterliege. Dieser Gedankengang ist jedenfalls für nach dem 1.1.1995 getroffene "Vereinbarungen" aus den oben genannten EG-rechtlichen Gründen in der Form nicht mehr haltbar; denn soweit die Klausel i.S. von Art. 3 (2) Richtlinie 93/13 vorformuliert ist, unterliegt sie der Mißbrauchskontrolle. Aber auch für das frühere Recht unterstellt diese Konstruktion einen rechtsgeschäftlichen Bindungswillen, der den Kriterien einer (stillschweigenden) Invidividualabrede nicht entspricht. So lassen das OLG Frankfurt[59], das OLG Celle[60] und das OLG Schleswig[61] die vorbehaltslose Zahlung des geforderten Entschädigungsbetrages genü-

59 WM 1996, 441.
60 WM 1996, 439.
61 WM 1996, 443.

gen, um den Rechtsgrund i.S. des § 812 I 1 zu schaffen. Das OLG München[62] sieht hierin gar einen "schlüssigen Verzicht". Diese Urteile stützen sich dabei zu Unrecht auf einen BGH-Beschluß vom 23.11.1993[63], wonach es zur Wirksamkeit einer Abrechnung hinsichtlich des nicht verbrauchten Disagios auf die "erkennbare" Einbeziehung ankommt. Ganz abgesehen davon, daß der BGH für diese Formel keinerlei Begründung liefert und sich in Widerspruch zu seiner früheren Entscheidung vom 16.11.1993[64] setzt, schafft die "erkennbare Einbeziehung", die an die alte Rechtsprechung zur Einbeziehung von AGB erinnert, noch keinen Rechtsgrund für das Behalten einer (fehlerhaft kalkulierten) Vorfälligkeitsentschädigung. Vielmehr ist hierfür ein actus contrarius erforderlich, der von den Parteien Kenntnis und zumindestens schlüssige Billigung des Vertragsinhaltes verlangt; einen "fahrlässigen Vertragsschluß" kennt das BGB nicht. Schon gar nicht kann die Bank verlangen, daß der Schuldner die Entschädigung vorbehaltlos zahle; sie hat lediglich ein Recht auf Zahlung, nicht ein Recht auf "Verzicht auf einen Vorbehalt", oder wie immer man diesen eigenartigen "Anspruch" konstruieren will[65]. Der BGH hat schon 1982 darauf hingewiesen, daß "ihr (der Bank, Anm. des Verf.) berechtigtes Interesse, vor Übergabe alle ihr zustehenden Ansprüche befriedigt zu sehen, ... nicht soweit geht, von den Klägern einen Verzicht auf den erklärenden Vorbehalt fordern zu dürfen."[66]

Der Vorbehalt hat deshalb keine konstitutive Bedeutung hinsichtlich des Rechtsgrundes i.S. des § 812; sein Fehlen schafft umgekehrt diesen Rechtsgrund nicht. Sollte der Kreditnehmer bei Ablösung des Kredits einen Vorbehalt hinsichtlich der Vorfälligkeitsentschädigung machen, so hat dies lediglich die Bedeutung, daß damit der Schutz des Bereicherungsschuldners (der Bank) gem. § 818 III zerstört ist. Außerdem sichert sich der Kreditnehmer, wenn er unter Vorbehalt zahlt, gegen die Folgen des § 814[67], ohne daß umgekehrt aus dem Fehlen des Vorbehalts immer geschlossen werden könnte, daß der Kreditnehmer in Kenntnis einer Nichtschuld gezahlt hatte; im Regelfall wird er die Umstände der Vorfälligkeitszahlung nicht kennen und zunächst nur den Wunsch haben, den Kredit abzulösen,

62 WM 1994, 21; zustimmend LG Dortmund WM 1996, 444.
63 ZIP 1994, 116; Kritik *Köndgen*, aaO (Fn. 3), S. 98.
64 BGH WM 1994, 13; *Brutschke*, VuR 1996, 43 (46).
65 LG Hannover WM 1995, 192 (194).
66 BGH NJW 1982, 2310 (2302).
67 OLG Hamm, WM 1996, 569; AG Hamburg-Harburg, WM 1996, 1140..

um das Grundstück lastenfrei veräußern zu können. Wenn man auf die Vorbehaltskonstruktion nicht verzichten will, könnte man höchstens argumentieren, daß der Kreditnehmer mit dem impliziten Vorbehalt zahlt, daß die ihm überlegene Bank die Vorfälligkeitsentschädigung schon richtig berechnet habe; stellt sich hinterher heraus, daß dies nicht stimmt, so ist damit der Rechtsgrund seiner Zahlung i.S. von § 812 I 1 wegen Dissenses weggefallen[68].

Der Sache geht es in allen Fällen darum, in einer asymmetrischen Verhandlungssituation Rechtsgrund und Modalitäten der Vorfälligkeitsentschädigung ggf. gerichtlich nachprüfen zu lassen, nicht aber, der unterlegenen Partei unter Berufung auf ihr angebliches rechtsgeschäftliches Verhalten diesen Einwand gerade abzuschneiden. Ich verweise insoweit auf den (nicht bindenden, nur als Hinweis dienenden, aber das Mißbrauchsverbot konkretisierenden[69]) Anhang 1 der EG-Richtlinie 93/13, wonach gem. Buchst. q) Klauseln, die darauf abzielen oder zur Folge haben, dem Verbraucher die Möglichkeiten erschweren, Rechtsbehelfe oder sonstige Beschwerdemittel bei Gericht einzulegen, als mißbräuchlich gelten.

3. Das Transparenzproblem

Der Transparenzgrundsatz gilt im AGB-Recht und vom 1.1.95 im Recht der einseitig vorformulierten Klauseln ganz allgemein. Er gilt auch dann, wenn es sich um das Preis-Leistungsverhältnis handelt, wie Art. 4 der EG-Richtlinie 93/13 beweist. Auf die schwierige Abgrenzung Haupt-Nebenleistung bzw. Preis- und Nebenabreden muß hier nicht eingegangen werden[70]. Für das AGB-Recht gilt das Transparenzprinzip jedenfalls für Nebenleistungen und -entgelte, zu denen man die Vorfälligkeitsentschädigung als "Preisnebenabrede" rechnen muß.

Das Erfordernis der Transparenz sowohl als Voraussetzung für die Einbeziehung als auch für die Gültigkeit für eine Abrede über Grund und Höhe einer eventuellen Vorfälligkeitszahlung muß bei Vertragsschluß, -erneuerung oder -erlaß vorliegen[71]. Die mir vorliegenden Formulare sind

---

68 So *Escher-Weingart*, Anm. zu OLG Hamm WuB I E.3 mit der Notwendigkeit einer ergänzenden Vertragsauslegung.

69 *Reich*, Europäisches Verbraucherrecht (Fn. 15) No. 156o.

70 *Reich* No. 156l; *Bueso*, VuR 1994, 309; a.M. *Heinrichs*, NJW 1995, 156; *v. Westphalen*, EWS 1993, 165.

71 *Metz* No. 64.

hier teilweise zu beanstanden, ohne daß auf Einzelheiten eingegangen werden kann.

Wünschenswert und insoweit dem Klarheitsgebot entsprechend wäre es, wenn dem Kunden eindeutig und unmißverständlich anhand von Beispielen die Folgen einer vorzeitigen Kündigung deutlich gemacht würden. Das Klarheits- und Transparenzgebot soll, wie gerade ein Blick auf die Rechtsvergleichung zeigt, dem Kunden auch unterschiedliche Entscheidungen ermöglichen[72]. Wenn er feststellt, daß auf ihn eine Forderung auf Vorfälligkeitsentschädigung zukommt, wird er sich möglicherweise die Folgen seiner Erklärung zweimal überlegen und nicht kündigen. Entscheidungsrationalität sollte, worauf oben hingewiesen wurde, nicht nur im Zeitpunkt des Vertragsschlusses, sondern auch der Vertragsdurchführung hergestellt werden. Ähnlich wie der Verbraucher ein Recht bei der Lebensversicherung hat, jährlich über den Stand der Überschußbeteiligung informiert zu werden, sollte er beim langfristigen Darlehen die in der bereits erfolgten Tilgung abzüglich Vorfälligkeitsentschädigung liegende "equity" wissen. Ob ein solcher Grundsatz etwa aus § 666 analog[73] hergeleitet werden kann, lasse ich einstweilen dahingestellt; eine vertragliche Nebenpflicht wird man in diese Richtung jedoch bereits dem geltenden Recht entnehmen können, sofern der Kunde ein berechtigtes Interesse gegenüber der Bank darlegen kann. Mir scheint es auch im Interesse der Banken selbst zu liegen, hier für mehr Transparenz zu sorgen und den Kunden darüber aufzuklären, welche Folgen und Risiken die vorzeitige Darlehenskündigung auf den Bestand seiner "equity" hat. Der bloße Verweis auf die Norm des § 315 reicht nicht aus, da er nur die Rechtsfolge bei einem einseitigen Bestimmungsrecht regelt, aber nicht die Voraussetzungen für dessen Ausübung enthält, die mit dem Transparenzprinzip untrennbar verkoppelt sind[74].

---

72 Zu dieser Bedeutung des Transparenzgrundsatzes vgl. *Reich*, NJW 1995, 1857.

73 Dazu *Wosnitza*, aaO, S. 181 ff.

74 In diesem Sinne bereits für das einseitige Bestimmungsrecht gem. den Banken-AGB *Reich* in *Horn* (Hrsg.), Die AGB-Banken 1993, S. 43 (53 ff).

4. Der Regelfall: Vertragsverletzung mit Schadensersatzfolge

a) Außerordentliche Kündigung durch den Kreditnehmer/Verbraucher als Vertragsverletzung

Die vorzeitige Darlehenskündigung während des Festschreibungszeitraums, sofern sie nicht durch Abreden über Sonderzahlungen und ähnliches gedeckt ist[75], stellt nach der hier vertretenen Meinung eine Vertragsverletzung; die Bank hat allerdings im Fall des Verkaufs des privat genutzten Objekts eine Zustimmungspflicht und kann dafür Ersatz ihren Erfüllungsinteresses verlangen. Bie Zustimmungsverweigerung kann der Kreditnehmer die Erfüllung verweigern; die Bank kann dann Schadensersatz gem. § 326 verlangen. An der Durchsetzung des Erfüllungsanspruches hat sie dann aber kein berechtigtes Interesse mehr; sie würde sich im Widerspruch zu dem ihr nach Treu und Glauben gebotenen Verhalten setzen, wenn sie einerseits der Kündigung zustimmen müßte, andererseits aber noch Erfüllung verlangen könnte[76]. In AGB bzw. vorformulierten Klauseln zu findende Regeln, die hiervon abweichen, verstoßen gegen wesentliche Grundgedanken der gesetzlichen Regelung und sind damit gem. § 9 II Nr. 1 AGBG unwirksam. Stillschweigende Vereinbarungen über ein Vorfälligkeitsentgelt sind nach dem wirklichen Willen der Parteien Abreden über die Schadenspauschalierung.

b) Folgen der "Kündigung"

An diesem wichtigen dogmatischen Grundsatz ändern auch immer wieder zu hörende und bereits oben abgelehnte Formulierungen in der Literatur nichts, daß das sog. Vorfälligkeitsentgelt eher aus einem Entgegenkommen der Bank resultiere und deshalb seinen Rechtsgrund in einem besonderen Auflösungsvertrag finde[77]. Gerade umgekehrt ist die Rechtslage: wenn wegen ihrer Ernsthaftigkeit und Endgültigkeit in der vorzeitigen Kündigung eine Vertragsverletzung liegt, hat damit der Kunde eine zum Schadensersatz nach allgemeinen Rechtsgrundsätzen führende Handlung begangen, wobei die Frage nur noch sein kann, ob die Bank die Kündigung zurück-

---

75 So der Fall in OLG Koblenz WM 1995, 797; zu den ökonomischen Besonderheiten *Wehrt*, aaO, S. 39.

76 *Reifner*, NJW 1995, 88.

77 *Wenzel* No. 238; *Weber*, NJW 1995, 2951.

weisen und auf ihrem Erfüllungsanspruch beharren, oder ob sie der Kündigung zustimmen muß und damit ihren Erfüllungsanspruch verliert. In letzterem Fall geht es dann nur noch um die Frage, welchen Schaden die Bank liquidieren bzw. pauschalieren kann. Vereinbarungen über Vorfälligkeitsentgelte sind in dem hier präzisierten Rahmen - Verkauf des privat genutzten Objekts - daher rechtsdogmatisch nichts anderes als der Vereinfachung dienende Abrechnungen über Höhe und Umfang des Schadens; sie unterliegen in ähnlicher Weise einer Kondiktion wie etwa ein Anerkenntnis i.S. der §§ 780, 812 II. Sie führen letztlich nur zu einer Beweisverlagerung zu Lasten des Kreditnehmers hinsichtlich der Richtigkeit der Vorfälligkeitsentschädigung.

Fordert also die Bank aufgrund der Kündigung von dem Kreditnehmer-Verbraucher ein Vorfälligkeitsentgelt, so macht sie damit bei verständiger Auslegung i.S. von §§ 133, 157 ein Angebot auf Abschluß eines Vertrages über den von jenem zu leistenden Schadensersatzanspruch bei gleichzeitiger Freigabe aus der hypothekarischen Verhaftung. Diese sekundäre Vereinbarung i.S. einer nachträglichen "Preisnebenabrede" als Reaktion auf die (unberechtigte) Kündigung des Kreditnehmers unterliegt nach allgemeinen Grundsätzen der richterlichen Nachprüfung. Sollte sie in einer vorformulierten Klausel eine eigene Rechtsgrundlage für die Berechnung und Abwicklung dieses Schadensersatzanspruches schaffen wollen, einschließlich seiner Umqualifizierung in ein Vertragsentgelt, so ist diese Klausel der Inhaltskontrolle zugänglich. Die gerichtliche Nachprüfung ihres Vorfälligkeitsverlangens ist also möglich. Die Bank muß ihre Forderung transparent machen, um spätere Auseinandersetzungen zu vermeiden. Besteht keine ausdrückliche Abmachung, so kommt eine stillschweigende Vereinbarung nur in den oben dargelegten Grenzen zustande; in Fällen des Verkaufs des privat genutzten Objekts ist lediglich eine Schadensersatzleistung vereinbart; nur hierzu gibt der Kreditnehmer seine Einwilligung. Die Auffassung von einer in allen Fällen autonomen vertraglichen Entgeltvereinbarung übersieht dagegen, daß sie die Folge des Kündigungsverlangens des Kreditnehmers darstellt. Dies stellt zunächst eine Vertragsverletzung des Kunden dar. Gleichzeitig löst dieses Verlangen Mitwirkungspflichten aus, wie sie der BGH in der Ersatzkreditnehmerentscheidung durchaus verallgemeinerungsfähig beschrieben hat. Der Kreditnehmer führt durch sein (pflichtwidriges) Verhalten eine Verhandlungssituation herbei; die Bank kann nicht einfach mit einer "Verweigerungs-" oder "Abschreckungsstrategie" antworten, sondern muß sich ihr im Rahmen des Zumutbaren stellen. Bei

Endgültigkeit der Erfüllungsverweigerung geht es also letztlich um eine Konkretisierung einer vorweggenommenen, vereinfachten und liquiden Schadensersatzregelung zugunsten der Bank bei gleichzeitiger Freigabe des Grundpfandrechts durch Löschungsbewilligung zugunsten des Kreditnehmers gem. § 1144. Dieses im Wege einer ergänzenden Vertragsauslegung[78] vorgegebene Programm findet dabei in einem rechtlich geregelten Rahmen statt, auch wenn es als "Entgeltvereinbarung" bezeichnet wird. Deshalb kann man nicht wie das LG München hier Kontrollfreiheit behaupten.

Die Sittenwidrigkeitsgrenze gilt allerdings dann als Maßstab, wenn die Ablösungsvereinbarung auf den bloßen Umschuldungs- oder Sonderzahlungswunsch des Kreditnehmers zurück geht. Da hier die Bank auf den (Teil-)Ablösungswunsch des Kreditnehmers nicht eingehen muß, kann sie sich ihre Zustimmung "abkaufen" lassen. Gleiches gilt, wenn es sich um einen gewerblichen Kreditnehmer handelt, der der Bank als "gleichgewichtiger Geschäftspartner"[79] gegenübertrat und deshalb eines besonderes Schutzes nicht bedarf.

5. Gerichtliche Überprüfung der Vorfälligkeitsentschädigung

a) Schadensarten

Ungeachtet des Vorliegens einer "Aufhebungsvereinbarung" ist also im Streitfall der der Bank durch die vorzeitige Rückzahlung entstehende Schaden zu ermitteln und ggf. mit dem in der Entgeltvereinbarung festgesetzten Summe zu vergleichen. Dabei kann die Rechtsprechung zur Nichtabnahmeentschädigung analog herangezogen werden. Entsprechend der von *Derleder*[80] für die Berechnung der Nichtabnahmeentschädigung entwickelten und vom BGH übernommenen Differenzierung in Zinsmargen- bzw. Zinsverschlechterungsschaden als Konkretisierung der Differenzhypothese einschließlich des entgangenen Gewinns im Sinne von § 252 hat die Bank

78 BGH NJW 1985, 480 (481) - für Mietverträge; NJW 1992, 1164 (1165) für Versicherungsverträge, wobei jedesmal die Dauer der Vertrages eine Rolle spielt.
79 So OLG München WM 1996, 1132 (1134).
80 JZ 1989, 165; ähnl. BGH NJW 1991, 1817 = WM 1991, 760; dazu *Derleder*, EWiR § 326 BGB 1/91, 443; OLG Zweibrücken WM 1996, 621; *Reifner*, NJW 1995, 2946.

ein Wahlrecht. Der Zinsmargenschaden macht dabei die Differenz zwischen den Vertragszinsen und den Refinanzierungskosten aus, d.h. zwischen Aktiv- und Passivzinsen; dabei werden Verwaltungskosten und Risikoprämie abgerechnet[81]. Der Zinsverschlechterungsschaden ergibt sich aus der Differenz zwischen den Vertragszinsen und den mittlerweile gesunkenen Marktzinsen (Aktiv-Aktiv-Vergleich); er stellt auf die der Bank nicht mehr zu gleichen Bedingungen mögliche Wiederanlage des vom Kunden vorzeitig und vertragswidrig zurückgeflossenen Kapitals ab. Dabei hat die Bank eine Schadensminderungspflicht gem. § 254; deshalb kann sie den (Zinsverschlechterungs-)Schaden nicht nach einer bloßen Wiederanlage der freiwerdenden Gelder in Anleihen berechnen, sondern muß dieses auf vergleichbaren Märkten anlegen[82].

Dabei ist es allerdings mit allgemeinen schadensrechtlichen Grundsätzen nicht zu vereinbaren, wenn etwa *Wenzel* den Zinsverschlechterungsschaden als Schaden i.S. von § 249 ansieht, den Zinsmargenschaden dagegen als entgangenen Gewinn i.S. von § 252[83]. Denn der (Aktiv-)Zins für die (Wieder-)Anlage von Kapital durch die Bank enthält bereits neben den Refinanzierungskosten den Gewinnanteil, den die Bank mit dem Darlehen nur einmal und nicht mehrmals erzielen kann. Eine andere Regel widerspräche dem Bereicherungsverbot des Schadensrechts. Umgekehrt sind in die Zinsmarge sowohl Kosten- als auch Gewinnanteil einbezogen, da die Bank ja nicht mit Verlust Geld ausleihen wird. Wie sie es konkret anlegt oder sich refinanziert, ist im Rahmen der abstrakten Schadensberechnung gleichgültig; hier ist auf Marktzinssätze abzustellen, wie sie sich etwa aus den Statistiken der Deutschen Bundesbank ergeben. Sollte auf dieser Berechnungsbasis der Schaden der Bank nicht vollständig erfaßt sein, so ist dieser konkret von der Bank zu beweisen und zu berechnen.

b) Alternative oder kumulative Geltendmachung?

Es ist weiterhin strittig, ob die Bank nur alternativ entweder Zinsverschlechterungs- oder Zinsmargenschaden oder beide Schadensposten

---

81 *Derleder*, JZ 1989, S. 175.

82 LG Lübeck, ZIP 1995, 1581 = *Wehrt*, EWiR 1995, 651; allerdings bedarf es dazu nicht des problematischen Rekurses auf § 649, vgl. insoweit die Kritik von *Wenzel* No. 278.

83 *Wenzel* Nos. 268 ff.

kumulativ nebeneinander geltend machen kann[84]. Die Entscheidung des BGH zur Nichtabnahmeentschädigung ist insoweit in beide Richtungen gedeutet worden:

Das LG München I sieht den Nichterfüllungsschaden nicht nur im Zinsverschlechterungsschaden, sondern zusätzlich im Zinsmargenschaden als entgangenenen Gewinn, da die Bank - wie jeder Kaufmann - nicht verpflichtet sei, die Gewinnmarge aus dem Ersatzgeschäft zur Nachteilskompensation einzusetzen[85]. In der Literatur stimmt dieser Meinung *Weber*[86] zu, da sich die Kreditinstitute i.d.R. endgültig refinanzierten. Die Bank könne, da mit dem Wiederanlagezins auch der Refinanzierungszins sinke, ihr "teuer" finanziertes Geld nur zu einem geringeren Zinssatz wiederanlegen. *Wenzel*[87] verweist darauf, daß die Zinsmarge unabhängig von der Höhe des Wiederanlagezinses bestehe; der entgangene Gewinn könne daher "nicht aus dem Vergleich der vereinbarten mit den im Zeitpunkt der vorzeitigen Rückzahlung erzielbaren Darlehenszinsen ermittelt werden". Bei diesen Autoren wird damit der Verlust der Zinsmarge als solcher zu einem abstrakt berechneten Schadensposten, ohne daß es auf die Wiederanlage ankommt. *Wehrt*[88] kritisiert eine solche Schadensberechnung unter Verweis auf § 252 S. 2, weil die Wahrscheinlichkeit eines Zusatzgeschäftes ebenso groß sei wie der Verlust der Zinsmarge; damit sei aber die Grundlage für die abstrakte Berechnung des Zinsmargenschadens nicht mehr gegeben.

Das LG Lübeck kommt durch eine analoge Anwendung des Rechtsgedankens des § 649 zu einem anderen Ergebnis: den erwarteten Zinseinkünften aus dem vorzeitig beendeten Vertrag einerseits müßten die Einkünfte aus einem zum Beendigungszeitpunkt neu abzuschließenden vergleichbaren Darlehensvertrag andererseits gegenübergestellt werden[89]. Die Meinung ist im Hinblick auf die fehlende Analogie zu § 649 kritisiert worden. In der Tat geht es bei der Vorfälligkeitsentschädigung nicht um das Einfordern der vertraglich vereinbarten Vergütung, sondern um Schadensersatz wegen Nichterfüllung, insbes. in der Form des § 252. Das

---

84 *Metz* No. 113; a.M. *Wenzel* No. 267.
85 LG München VuR 1996, 82; dazu *Wenzel*, EWiR 1995, 343: ähnl. LG Augsburg VuR 1996, 11; OLG München WM 1996, 1132 (1134).
86 NJW 1995, 2955.
87 No. 275.
88 AaO S. 27.
89 ZIP 1995, 1582.

LG Braunschweig[90] kommt unter Berufung auf die BGH-Rechtsprechung zur Nichtabnahmeentschädigung zu einem ähnliches Ergebnis für den Fall der Zustimmungspflicht der Bank zum Kündigungsverlangen; die Bank kann aber in jedem Fall den über dem Zinsmargenschaden liegenden Dispositionsverlust bei erheblichem Absinken des Zinsniveaus verlangen.

Im Ergebnis wird man differenzieren müssen: Im Regelfall wird die Bank die ihr günstigere Methode wählen und damit den ihr entgangenen Gewinn abgezinst[91] anhand des Aktiv-Aktiv- oder Aktiv-Passiv-Vergleiches abstrakt darlegen können. Eine Kumulation wird nur dann überhaupt in Frage kommen, wenn wegen drastischen zwischenzeitlichen Zinsverfalls die endgültig aufgenommenen Refinanzierungsmittel nicht mehr durch den Wiederanlagezins gedeckt sind[92]. Dieser dann konkrete (zusätzliche) Schaden ist von der Bank vorzutragen und zu beweisen; bloße Behauptungen reichen hierfür nicht. Vor allem muß nachgewiesen werden, daß sämtliche Darlehen laufzeitkongruent und endgültig refinanziert sind, was bei Geschäftsbanken, Sparkassen, Versicherungen usw. unwahrscheinlich, bei Hypothekenbanken dagegen wegen der gesetzlichen Vorgabe der kongruenten Refinanzierung eher wahrscheinlich ist. Die dadurch entstehende unterschiedliche Wettbewerbssituation von Geschäftsbanken einerseits und Hypothekenbanken andererseits ist bei der Schadensberechnung hinzunehmen, da diese auf die individuellen Verhältnisse des betroffenen Instituts und nicht auf die wettbewerbliche Wirkung in Hypothekenmarkt abstellt.

c) Berücksichtigung des Disagios

Ein zweiter, für Verbraucher wie Bank gleichermaßen wichtiger Streitpunkt besteht darin, ob das einbehaltene Disagio Teil des Vertragszinses ist, oder aber mit Abschluß des Darlehens von der Bank bereits verdient ist und damit nicht mehr in die Schadensrechnung eingerechnet werden muß[93]. Für

90 WM 1996, 1135.
91 Dies ist unstr., vgl. *Metz* No. 134 ff; *Wenzel* No. 260.
92 *Derleder*, JZ 1989, S. 175.
93 *Wenzel* No. 264; so AG Essen WM 1995, 1535 = WuB I E 3.- 3.95 mit Anm. Sittmann für den Zeitraum der Zinsfestschreibung; LG Karlsruhe, VuR 1996, 193 für ein Altdarlehen; AG Dortmund, WM 1996, 1138 sofern das Disagio einen Ausgleich für laufzeitunabhängige Nebenksoten darstellt; unklar *Köndgen*, aaO, S. 97.

einen Teil der Rechtsprechung bildet das Disagio einen Teil der Gesamtkosten des Kredites und gehört zum Effektivzins[94]. Es müßte also anteilig auf die Darlehenslaufzeit umgerechnet werden[95]. Andere verweisen auf die BGH-Rechtsprechung zum alten Recht, wonach es im Ermessen der Parteien liegt, wie sie im Rahmen der Vertragsgestaltungsfreiheit das Disagio einstufen, wobei dessen Höhe zu berücksichtigen ist[96]. Dabei ist aber der Hinweis des BGH zu beachten, daß eine Vertragsauslegung nicht zu billigen sei, nach der ein Disagio im Regelfall dem Darlehensgeber unabhängig von Laufzeit und Durchführung des Vertrages endgültig verbleiben solle, wenn die Vereinbarungen keine ausdrückliche Rückzahlungsregelung enthalten. Denn die Funktion des Disagios habe sich gewandelt: war es früher pauschale Abgeltung von Beschaffungs- und Verwaltungsaufwendungen, so ist es heute zum integralen Bestandteil der Zinskalkulation geworden. Hinzuzufügen wäre, daß das Kreditmarketing i.d.R. für Hypotheken unterschiedliche Angebote unterbreitet, wo der Zinssatz mit der Höhe des Disagio korreliert und letzteres vor allem steuerrechtliche Funktionen hat.

Ein Teil der Rechtsprechung erspart sich die Diskussion um die Einbeziehung des Disagios, indem sie die vorbehaltslose Zahlung einer Vorfälligkeitsentschädigung, in die das Disagio nicht eingerechnet worden sei, als eine Art Verzicht, Erlaß oder Rechtsgrund i.S. des § 812 I 1 ansieht. Diese "vertragsfiktive" Konstruktion ist bereits oben kritisiert worden. Sie ist schon deshalb abzulehnen, weil nicht nachträglich durch "erkennbare Einbeziehung" das Disagio vom Zinsbestandteil zum pauschalierten Aufwendungsersatz zurückgestuft werden kann. Sie widerspricht auch dem BGH-Urteil vom 16.11.1993[97], wonach ein Verzicht auf eine anteilige Erstattung von Disagio bei vorzeitiger Beendigung eines Darlehensvertrages nicht schon darin liegt, daß der Darlehensnehmer die Abrechnung der Bank unbeanstandet läßt; bei unbekannten Rechten sei ein konkludenter Verzicht des Gläubigers i.d.R. ausgeschlossen.

---

94 OLG Koblenz WM 1995, 797 für ein Darlehen mit der Möglichkeit außerplanmäßiger Tilgungen trotz Zinsbindung; LG Tübingen WM 1996, 626; OLG Koblenz WM 1996, 572.

95 *Metz* Nos. 142 ff, auch zu sog. Disagio-Verzichtsklauseln; *Reifner*, NJW 1995, 2945 (2949); *Brutschke*, VuR 1996, 43.

96 BGH NJW 1990, 2250; 1993, 3257; WM 1995, 1617; OLG Hamburg WM 1993, 1877; *Brutschke*, VuR 1996, 46.

97 WM 1994, 13; dazu *Hammen*, WM 1994, 1101.

Für die Berechnung der Vorfälligkeitsentschädigung unter Berücksichtigung des bereits gezahlten Disagios bieten sich zwei Modelle an: entweder man beläßt das Disagio bei der Bank und legt der Vorfälligkeitsentschädigung den Nominalzins des Darlehens zugrunde, oder man ermittelt die Vorfälligkeitsentschädigung auf Basis des Effektivzinssatzes und zieht das bereits gezahlte Disagio von ihr ab[98]. In beiden Fällen ist die Behandlung des Disagios nicht zu beanstanden, da die Bank immer nur ihren Nichterfüllungsschaden erhält.

d) Sonderfragen einer Überprüfung nach § 138

In den Fällen, die nach der hier vertretenen Differenzierung keine Zustimmungspflicht der Bank zum Kündigungsverlangen des Kreditnehmers auslösen, kommt als Überprüfungsmaßstab nicht § 11 Nr. 5 AGBG, sondern nur § 138 in Frage. Ausgangspunkt ist aber auch hier die Berechnung des der Bank entstehenden Nichterfüllungsschadens. Dabei wird man bei der Frage der Kumulation von Zinsmargen- und Zinsverschlechterungsschaden ebenso großzügiger urteilen wie bei der (Nicht-)Berücksichtigung des Disagios; der Kreditnehmer ist bekanntlich nicht zur Ablösung gezwungen, sondern will lediglich günstig umschulden bzw. Sonderzahlungen leisten, worauf sich die Bank nicht einlassen muß[99]. Dem Kunden müssen allerdings die Berechnungsfaktoren gem. dem Transparenzprinzip offengelegt werden.

Inwieweit als Folge einer sittenwidrigen Höhe des Vorfälligkeitsentgelts die gesamte Vereinbarung nichtig ist oder nur auf ein angemessenes Maß zurückgeführt werden muß, bleibt eine offene Frage. In der Praxis spielt dies bislang keine Rolle.

V. "Kündigungsschutz" bei Verzug des Verbraucher-Schuldners?

1. Zahlungsverzug als entscheidender Kündigungsgrund

Der Verzug des Schuldners mit der Zahlung der vereinbarten Raten ist auch heute der häufigste Kündigungsgrund langfristiger, von privaten

98 Vgl. *Wehrt*, aaO, S. 30.
99 AG Dortmund WM 1996, 1136.

Kreditnehmern aufgenommen Finanzierungen. Er steht deshalb im Mittelpunkt des Interesses; auf die sonstigen außerordentlichen Kündigungsrechte der Bank soll hier nicht eingegangen werden. Dabei überrascht angesichts deren faktischer Bedeutung für den Verbraucher-Kreditnehmer die stiefmütterliche Behandlung des Kündigungsrechts durch die bisherige Gesetzgebung und Rechtsprechung[100]. Die jeweiligen Klauseln in den Hypothekarkreditvereinbarungen nennen denn auch unterschiedliche Bedingungen für die Gesamtfälligkeit bzw. die Kündigung.

Dies mag damit zusammenhängen, daß die Bank durch die regelmäßig erfolgte Unterwerfung des Schuldners unter die Zwangsvollstreckung gem. §§ 794/800 ZPO bereits einen Titel in der Hand hält, den sie bei Zahlungsverzug des Schuldners jederzeit aktivieren kann, ohne die materielle Berechtigung ihres Vorgehens im Erkenntnisverfahren rechtfertigen zu müssen, anders als beim nicht grundpfandrechtlich gesicherten Kredit. Die überschießende, AGB-rechtlich trotz der m.E. berechtigten Kritik von *Stürner* bislang nicht beanstandete[101] vollstreckungsrechtliche Zugriffsmacht wird in der Praxis auch nicht durch die theoretisch mögliche Vollstreckungsgegenklage wegen ungerechtfertigter Kreditkündigung und damit unberechtigter Vollstreckung korrigiert, sondern spielt erst beim Vollstreckungsschutz in der Zwangsversteigerung gem. §§ 30 a ff ZVG eine Rolle.

Aus diesem Grund hat die Rechtsprechung bislang keine klaren Kriterien für die Zulässigkeit von Gesamtfälligkeits- oder Kündigungklauseln entwickeln können[102]. Die Frage, ob wie in vielen (auch meinen eigenen!) Formularen bereits der 14-tägige Rückstand ein Kündigungsrecht auslöst[103], ob die Nichtzahlung bzw. der Verzug mit bloß einer (Monats-?, Vierteljahres-?)Rate für das Herbeiführen der Gesamtfälligkeit ausreicht, ob

---

100 *Köndgen*, aaO, S. 141 ff.

101 *Wolf-Horn-Lindacher*, AGBG, 3. Aufl., § 9 Rdn. G 209; *Rosenberg/Gaul/Schilken*, Zwangsvollstreckungsrecht, 10. Aufl. 1987, § 13, 2 a; die Gegenmeinung von *Stürner*, JZ 1977, 431 (432 wegen doppelter Vollstreckungsunterwerfung in das gesamte Vermögen) hat sich wegen der Leitbildfunktion der vollstreckbaren Urkunde nicht durchsetzen können, vgl. *Dietlein*, JZ 1977, 637.

102 Vgl. die Bemerkungen von *Köndgen*, aaO, S. 143, 145 zur Klauselpraxis; *Wolf-Horn-Lindacher*, aaO, Rdn. 208 ; *v. Westphalen*, Darlehensvertrag, in: ders. (Hrsg.), Vertragsrecht und AGB-Klauselwerke, 1995, Rdn. 34.

103 Zur Kritik *Reifner*, aaO, § 30 Rdn. 43, allerdings ohne Eingehen auf die Besonderheiten der Vollstreckung aus grundpfandrechtlich gesicherten Darlehen.

- wie im VerbrKrG - der Verzug mit zwei aufeinanderfolgenden Raten erforderlich ist[104], ob die Bank eine qualifizierte Mahnung mit Fristsetzung unter Ablehnungsandrohung gem. § 326 analog aussprechen muß, ist offenbar bislang für die Praxis irrelevant geblieben. Auch im Verbandsprozeß gem. § 13 AGBG sind - anders als beim "normalen" Konsumentenkredit und der detaillierten Regelung in §§ 12/13 VerbrKrG - die notwendigen Klärungen nicht erfolgt, obwohl die Vollstreckung in die "equity" des Grundstücks dem Verbraucher/Kreditnehmer häufig die einzige Vermögensgrundlage entzieht. In dieser extrem liberalen und unsozialen Haltung unterscheidet sich das deutsche Recht signifikant von anderen Rechtsordnungen der EG.

Möglicherweise liegt dieser dogmatisch und rechtspolitisch unbefriedigende Befund daran, daß die Kündigungspraxis der Banken ohnehin von der überschießenden "vollstreckungsrechtlichen" Zugriffsmöglichkeit nur abgestuft Gebrauch macht und von sich aus freiwillig das "ultima ratio"-Prinzip beachtet, das dem Vollstreckungsrecht zugrundeliegt. Wenn dem so ist, dann bestünde auch keine Schwierigkeit, einen solchen faktischen "Code of practice" in entsprechende transparente Regeln umzugießen, um im Krisenfall dem Kreditnehmer die Folgen seines Verhaltens realistisch vor Augen zu führen, aber ihm auch Abwehrmöglichkeiten bei unberechtigten Vollstreckungsmaßnahmen zu zeigen. Die mir bekannten Bedingungen für die Vergabe von Hypothekarkrediten tun das nicht, sondern beruhen auf dem Widerspruch zwischen in den Darlehensbedingungen geregeltem, rechtlich fast unbegrenztem "Dürfen" und dem faktischem, aber nicht vorher erläuterten "Handeln" der kreditgebenden Bank. Sie beinhalten kein realistisches Bild vom tatsächlichen Vorgehen bei der Kreditkündigung. Kein Wunder, daß sie eher Mißtrauen als Vertrauen bei Kreditnehmern erzeugen, die sich in finanziellen Schwierigkeiten befinden und mit "Abtauch"- oder Vermeidungsstrategien reagieren, anstatt die notwendig gewordene Verhandlungssituation von sich aus aktiv anzugehen.

2. Sozialschutz in der Zwangsvollstreckung

Soziale Gesichtspunkte werden nach deutschen Recht traditionellerweise auf das Vollstreckungsverfahren abgewälzt. § 765a ZPO enthält eine allgemeine Härteklausel, die die Sittenwidrigkeit nicht bei Vertragsschluß, wie

---

104 So *Reifner*, aaO, Rdn. 50.

sonst im Zivil- und Verbraucherschutzrecht, sondern bei der späteren Vornahme der Vollstreckungsmaßnahme berücksichtigt. Spezielle Regeln in der Zwangsversteigerung enthalten die 1979 eingefügten §§ 30a ff ZVG, die eine zweimalige bis zu sechsmonatige Einstellung des Verfahrens erlauben, wenn Aussicht besteht, daß "durch die Einstellung die Versteigerung vermieden wird, und wenn die Einstellung nach den persönlichen und wirtschaftlichen Verhältnissen sowie nach der Art der Schuld der Billigkeit entspricht." Den Belangen des Gläubigers ist dabei durch besondere Regeln Rechnung getragen. Auf Einzelheiten dieser Vorschrift ist hier nicht einzugehen. Es sei lediglich darauf hingewiesen, daß zu den persönlichen Verhältnissen des Schuldners nach *Zeller/Stöber*[105] etwa "Krankheit, Arbeitslosigkeit, Scheidung mit mancherlei Folgen, Tod des Ehepartners oder eines mitarbeitenden Kindes" gehören. Der Gedanke einer "social force majeure" i.S. der BGH-Entscheidung zu den 10-Jahresverträgen bei der Schadensversicherung und von *Wilhelmsson* findet sich zwar nicht im allgemeinen Zivil- und Verbraucherrecht, wohl aber im Vollstreckungsrecht.

Diese Sozialklausel im Zwangsversteigerungsrecht schließt entgegen § 30d II ZVG den Rückgriff auf § 765a ZPO nach der h.M. nicht aus[106]. Denn die rein wortgetreue Anwendung des § 30d ZVG führe zu nicht vertretbaren Härten. Davon ist implizit auch das BVerfG in seinem Beschluß vom 27.9.1978[107] ausgegangen. Die Gegenmeinung[108] kann sich auf den Gesetzeswortlaut stützen, muß aber doch erhebliche Härten in Kauf nehmen, wenn die zweimalige 6-Monatsfrist nicht ausreichen sollte, eine vielversprechende Sanierung sicherzustellen.

3. Vorwirkung des Vollstreckungsschutzes auf den Kündigungsschutz?

Das Verfahren nach §§ 30a ZVG, eventuell ergänzt um § 765a ZPO, berücksichtigt zwar soziale Belange des Schuldners, hat aber doch eine Reihe von Schwächen:

— die dort genannten Gründe können die Kündigung des Darlehens und die Einleitung des Vollstreckungsverfahrens nicht aufhalten;

---

105 ZVG, 14. Aufl. 1993, § 30d Nr. 3.3.
106 *Zeller/Stöber*, aaO, § 30d Nr. 7; *Böttcher*, ZVG, 2. Aufl. 1996, § 30a Rdn. 3.
107 BVerfGE 49, 220 (225).
108 *Dassler/Muth*, ZVG, 12. Aufl. 1991, § 30b Rdn. 20.

— statt den Versuch einer realistischen Rückführung anhand der geänderten Vermögenssituation des Kreditnehmers einschließlich einer freihändigen Verwertung des Grundstücks zu fördern, setzt die gerichtliche Kontrolle erst zu einem späten Zeitpunkt ein, nämlich wenn die Versteigerung droht;

— die dort genannte Zeitspanne von 2 mal 6 Monate einschließlich einer letzten "Gnadenfrist" wird, wie die Beispiele anderer Ländern zeigen, in der Regel zu kurz sein, um eine Sanierung des/der (gutgläubigen und gutwilligen) Schuldner zu ermöglichen;

— das Verfahren ist als Antragsverfahren ausgestaltet und wird damit angesichts der Förmlichkeiten des Zwangsversteigerungsverfahrens den Bedürfnissen sozial schutzbedürftiger Schuldner nicht gerecht;

— umgekehrt erlaubt es die Antragsmöglichkeit sanierungsunfähigen bzw. -unwilligen Schuldnern, die Verwertung zu "hintertreiben", was sich letztlich zum Schaden aller auswirkt.

Es wird deshalb die Frage zu stellen sein, ob in den vollstreckungsrechtlichen Regeln nicht ein allgemeiner Sozialschutzgedanke zu finden ist, der auch das Wirksamwerden der Kündigung als solcher beeinflußt. Wenn es schon möglich ist, eine bereits eingeleitete Vollstreckungsmaßnahme unter den Voraussetzungen des § 30a ZVG einstweilen anzuhalten, dann sollte eine Kündigung unter den gleichen Voraussetzungen jedenfalls temporär ausgesetzt werden können. Dies entspricht dem Hinweis des BVerfG in seinem Beschluß vom 27.9.1978, wonach das Verfahrensrecht "der Herbeiführung gesetzmäßiger und unter diesem Blickwinkel richtiger, aber auch gerechter Entscheidungen [dient]. Sind dem Richter im Interesse einer angemessenen Verfahrensgestaltung Ermessensbefugnisse eingeräumt, so müssen diese Vorschriften im konkreten Fall mit Blick auf die Grundrechte (hier: Art. 14 GG, Anm. des Verf.) ausgelegt und angewandt werden; sie dürfen nicht zu einer Verkürzung des grundrechtlich gesicherten Anspruchs auf einen effektiven Rechtsschutz führen."[109]

Verfahrensrechtlich wäre dieser Einwand im Wege der Vollstreckungsgegenklage bzw. Antrag auf einstweilige Anordnung gem. §§ 797, 767, 769 ZPO geltend zu machen[110], ohne daß zugewartet werden müßte, bis die Versteigerung droht. Eine solche Lösung würde der vermutlich gelten-

---

109 AaO, 236.

110 Vgl. dazu BGHZ 109, 197 = NJW 1990, 576; WM 1992, 563; 1995, 1397; MittBayNot 1996, 91 zur Unwirksamkeit einer erweiterten Sicherungsabrede gem. § 3 AGBG.

den Praxis entsprechen und die Parteien zwingen, innerhalb der insoweit außerordentlich verlängerten Kündigungsfrist eine entsprechende Sanierungsabrede zu treffen. Dazu kann der freihändige Verkauf des Grundstücks gehören, einschließlich der oben vertretenen Überlegungen hinsichtlich der Festsetzung der Vorfälligkeitsentschädigung, sofern eine solche geschuldet ist.

Sollte eine freiwillige Vereinbarung unter dem Schutz einer Kündigungssuspension nicht möglich sein, so verbleiben dem Gläubiger die gewöhnlichen Verfahrensschritte. Ein dann folgender Antrag des Schuldners nach § 30a ZVG dürfte in der Regel keine Aussicht auf Erfolg haben, weil die vorher versuchte gütliche Regelung unter Aussetzung der Kündigung bereits gescheitert ist und der Schuldner nicht eine doppelte Härtefrist geltend machen kann.

Eine Vorwirkung des Vollstreckungschutzes auf die Kündigung stellt insoweit die Symmetrie zwischen den Parteien im Bereich grundpfandrechtlich gesicherter Darlehen teilweise wieder her, weil sie die überschießende Rechtsmacht, die dem Gläubiger aufgrund der bereits erfolgten Titulierung zusteht, einer gerichtlichen Prüfung unterzieht und die Einleitung der Vollstreckung und nicht erst die Durchführung an die Einhaltung sozialer Schuldnerschutzvorschriften bindet. Damit wird ein Zwang zwischen den Parteien ausgeübt, die aufgrund der "persönlichen und wirtschaftlichen Verhältnisse des Schuldners" i.S. von § 30a I ZVG notwendigen Anpassungen der Finanzierung einvernehmlich vorzunehmen. Gleichzeitig bleibt dem Gläubiger die Möglichkeit gegeben, bei Bösgläubigkeit oder völligem Vermögensverfall des Schuldners die Vollstreckung zügig zu betreiben.

VI. Zusammenfassung in Thesen

1. Die vorzeitige Beendigung von langfristigen Finanzierungen durch den Kreditnehmer-Verbraucher stellt ein spezielles Problem der Eingehung und Abwicklung langfristiger (Verbraucher-)Verträge dar, für die adäquate, gerechte wie auch effiziente Lösungsmuster bei Ausgleich der Interessen beider Parteien noch gefunden werden müssen.

2. Die Rechtsvergleichung gibt einiges Material hinsichtlich der Ablösbarkeit langfristiger Finanzierungen durch private, nicht geschäftsmäßig handelnde Kreditnehmer und deren Kosten, sowie hinsichtlich eines

"Kündigungsschutzes" bei vorübergehender Zahlungsunfähigkeit, ohne aber verallgemeinerbar zu sein. Inwieweit das EG-Recht bei einer Änderung der Richtlinie 87/102/EWG sich dieses Problems annehmen wird, bleibt offen. Da jeweils auch Fragen der Dienstleistungs- und Kapitalverkehrsfreiheit, der Mobilität und des Verbraucherschutzes i.S. der Art. 3c s, 7a, 59, 73a, 100a, 129a EGV angesprochen sind, ist auch aus dem Gesichtspunkt der Subsidiarität die Kompetenz der Gemeinschaft zur Rechtssetzung bei langfristigen Finanzierungen nicht grundlegend zu bestreiten, wenn sie sich im Rahmen des Erforderlichen gem. Art. 3b (3) EGV hält.

3. Eine ordentliche Kündigung des Festzinsdarlehens i.S. von § 609a ist vor Ablauf der Bindungsfrist nicht möglich. Möglich ist aber, daß der Kreditnehmer-Verbraucher ein (endgültiges aber zunächst pflichtwidriges) Kündigungsverlangen an die Bank stellt, das gem. der Rechtsprechung zum Vertragsbruch im gegenseitigen Vertrag einen Schadensersatzanspruch wegen Nichterfüllung auslöst. Die Bank kann auch der Kündigung ihre Zustimmung verweigern, muß dies aber sachlich begründen können, etwa bei bloßem Wunsch des Kreditnehmers, ein zinsverbilligtes Darlehen zu bekommen. Sie hat dann die Wahl zwischen dem Erfüllungsanspruch und dem Schadensersatzanspruch wegen Nichterfüllung. Sie kann nicht beides zugleich verlangen. Ein berechtigtes Mobilitätsverlangen des Kreditnehmers durch Verkauf des privat benutzten Beleihungsobjektes gibt ihr allerdings grundsätzlich kein Recht zur Kündigungsverweigerung; dem entspricht soweit erkennbar auch die bisherige Bankpraxis.

4. Wenn die Parteien Abreden über die Vorfälligkeitsentschädigung im Fall des Objektverkaufes treffen, so haben sie ihren Rechtsgrund in der Konkretisierung und Pauschalierung des der Bank durch die vorzeitige Rückzahlung entstehenden Schadensersatzanspruchs. Ein eigener, kontrollfreier und vertraglicher Entgeltanspruch wird dadurch nicht geschaffen. Klauseln über Vorfälligkeit sind, auch wenn nur für den Einzelfall gem. Art. 3 (2) Richtlinie 93/13/EWG vorformuliert, der Inhaltskontrolle zugänglich, die sich am Maßstab des § 11 Nr. 5 AGBG zu orientieren hat. Sog. "stillschweigende Ablösungsvereinbarungen", die angeblich in der vorbehaltlosen Zahlung der von der Bank geforderten Entgelt- bzw. Entschädigungssumme liegen sollen, beruhen auf einer rechtsgeschäftlichen, dem wahren Willen des Kreditnehmers nicht entsprechenden Fiktion und schaffen keinen Rechtsgrund i.S. des § 812 I 1 1. Alt. - Bei einem

Umschuldungs- oder Sonderzahlungsverlangen des Kreditnehmers, auf das sich die Bank grundsätzlich nicht einlassen muß, können die Parteien eine entsprechende Vereinbarung schließen, die aber nur gem. § 138 kontrollfähig ist.

5. Die Vorfälligkeitsentschädigung als Schadensersatzanspruch i.S. von §§ 249/252 wird abstrakt entweder anhand des Zinsverschlechterungsschadens (Aktiv-Aktiv-Vergleich) oder des Zinsmargenschadens (Aktiv-Passiv-Vergleich) ermittelt. Ein Kumulation ist nur zulässig, wenn die Bank konkret einen höheren Schaden nachweisen kann. Der Anspruch ist abzuzinsen; das Disagio ist zeitabhängig zurückzuerstatten. Anderweitige Vorformulierungen widersprechen dem AGBG; die sog. "erkennbare Einbeziehung" des Disagios in die Abrechnung läßt den Rückerstattungsanspruch gem. § 812 I 1 1. Alt. nicht entfallen. - In den Fällen einer autonomen Vereinbarung einer Vorfälligkeitsentschädigung bei Umschuldungs- oder Sonderzahlungsverlangen des Kreditnehmers erfolgt die Kontrolle gem. § 138 unter Zugrundelegung des Nichterfüllungsschadens, der aber die weitgehende Dispositionsfreiheit der Bank bei der Ermittlung des entgangenen Gewinns berücksichigt.

6. Klauseln über die vorzeitige Kreditkündigung bei Nichtzahlung des Kreditnehmer-Verbrauchers (nur dieser Fall ist hier behandelt) sind gem. § 9 AGBG kontrollfähig. Die häufig verwendeten 14-Tages-Klauseln für die außerordentliche Kündigung bei Zahlungsrückstand sind mit dem AGBG ebensowenig zu vereinbaren wie ein Verzicht auf vorherige Nachfristsetzung mit entsprechender Belehrung gem. § 326 I BGB analog. Da die Bank i.d.R. einen vollstreckbaren Titel gem. §§ 794 I Nr. 5/800 ZPO in der Hand hält, kann der Kreditnehmer nur im Wege der Klage gem. §§ 767/797 der Kündigung widersprechen bzw. gem. § 769 einstweilige Anordnungen beantragen.

7. Bei sozialen Härten der Kündigung und gleichzeitiger realistischer Sanierungsmöglichkeit kann entsprechend dem Rechtsgedanken der §§ 30a ff ZVG, 765a ZPO nicht erst die Versteigerung ausgesetzt, sondern bereits die Kündigung suspendiert werden; dies ergibt sich aus dem verfassungsrechtlichen Eigentumsschutz.

Die Vorzeitige Beendigung von Finanzierungen aus der Sicht eines Kreditinstitutes

Christof Harbeke
Syndikus der Frankfurter Sparkasse, Frankfurt am Main

Inhaltsübersicht

I. Ausgangslage

In Zeiten sinkender Zinsen ist der Versuch eines Darlehensnehmers, dessen Vertragszins zwischenzeitlich über dem aktuellen Marktniveau liegt, sich von dem Darlehensvertrag zu lösen, wirtschaftlich nur zu verständlich. Infolgedessen kommt es bei solchen Marktsituationen zwischen Darlehensnehmer und Bank regelmäßig zu Diskussionen über das "Ob" einer vorzeitigen Auflösung des Vertrags und um die Höhe der ggf. zu zahlenden Ablösesumme. Eine breite rechtliche und in deren Gefolge publizistische Auseinandersetzung bis hinein in die Tagespresse hat das Thema allerdings erst in jüngerer Zeit erfahren. Ausgelöst wurde diese Diskussion durch Aktivitäten der Verbraucherzentralen, die sich wiederum auf ein Gutachten des Instituts für Finanzdienstleistungen und Verbraucherschutz, erstellt von *Reifner* und *Brutschke* vom Dezember 1993 gründen. Da Kritik an den Banken sich immer des Beifalls durch das breite Publikum sicher sein kann, fanden sich in der Folgezeit Schlagzeilen wie etwa "Auf Teufel komm raus - die meisten Banken kassieren bei vorzeitiger Kreditkündigung zu viel"[1], "Die Tricks der Banken"[2], "Das grenzt an Nötigung - wer seine Hypothekendarlehen vorzeitig zurückzahlen will, wird oft geschröpft"[3], "Saftige Bußgelder - die Bankenforderungen sind deutlich überhöht"[4], "Nur die Drohung - viele Banken verlangen überhöhte Entschädigungen von ihren Kunden, wenn sie ihre Darlehen vorzeitig ablösen wollen"[5], "Klagen über Vorfälligkeitszinsen häufen sich"[6].

Das Thema nahm eine solche Breitenwirkung an, daß sich das Bundesaufsichtsamt für das Kreditwesen veranlaßt sah, in einem Schreiben vom 21.9.1994 die Thematik aufzugreifen und auf einige Eckpunkte hinzuweisen, die nach Meinung des Aufsichtsamts im Zusammenhang mit einer vorzeitigen Vertragsauflösung zu beachten sind. Gleichzeitig betonte das Bundesaufsichtsamt jedoch, es sei letztendlich Aufgabe der Gerichte, Vorfälligkeitsentgelte auf ihre zivilrechtliche Tragfähigkeit hin zu überprüfen. Das Amt hob seinerzeit vielmehr auf die aufsichtsrechtliche Komponente ab, wenn es bemerkt, die Konsequenzen im Falle einer höchstrichterlichen Entscheidung, nachträglich in größerem Umfange Neuberechnungen von Entschädigungszahlungen vornehmen zu müssen, sollten vor einer höchstrichterlichen Überprüfung bedacht werden. Im Hintergrund sieht das Amt hier ganz offensichtlich das Problem der Rückwirkung höchstrichterlicher Rechtsprechung[7].

---

1 Wirtschaftswoche vom 24.6.1994, S. 116.
2 Kapital 11/94, S. 192.
3 Stern 3/94, S. 111.
4 Finanz-Test 1/94, S. 34.
5 Wirtschaftswoche vom 26.1.1995, S. 90.
6 Handelsblatt vom 16.1.1995.
7 Vgl. dazu *Medicus*, NJW 1995; 2577; *A. Weber*, WM 1996, 49; BGH WM 1996, 436 m. Anm. *Richrath/Schröter*, WuB I F1a.-12.96.

II. Refinanzierungsaspekte

Bevor wir den Blick auf die *vorzeitige* Beendigung eines Darlehensvertrags richten, ist zum besseren Verständnis zunächst an den Anfang eines Vertragsverhältnisses zurückzukehren. Dort sucht der Kunde einen im Vergleich zum aktuellen aber auch zum zukünftigen Marktzins niedrigen Vertragszins zu erhalten, diese Situation langfristig festzuschreiben und in Zeiten steigender Zinsen von solchen Steigerungen verschont zu bleiben, andererseits aber auch an Zinssenkungen zu partizipieren. Ein solches "Paradies"-Produkt ist leider noch nicht kreiert. Denn der Vertragszins ist nicht frei disponibel, sondern durch die Refinanzierungsseite des Kreditinstituts bestimmt. Bei den Hypothekenbanken ist dieses Prinzip der fristenkonkurrenten Refinanzierung im Gesetz festgeschrieben[8], aber auch Sparkassen und Geschäftsbanken sind - wie sich auch aus dem Grundsatz II unschwer ablesen läßt - der sog. "goldenen Bankenregel" verpflichtet, daß langfristige Geschäfte auch langfristig finanziert werden sollen[9].

III. Die Produktpalette der Kreditinstitute

Die Kreditinstitute sind aufgrund der unterschiedlichen Fristigkeit der Refinanzierungsinstrumente in der Lage, ihren Kunden unter dem Gesichtspunkt der Zinsbindung zwei, bzw. drei Produkte anzubieten.

a) Zum einen werden Darlehen mit variablen Zinsen angeboten, auf die der Verbraucher insbesondere in Zeiten hoher Zinsen zurückgreifen sollte, um von den in der Zukunft zu erwartenden Zinssenkungen zu profitieren.

b) Da sich Zinsentwicklungen jedoch nie mit Sicherheit vorhersehen lassen, bieten Kreditinstitute teilweise auch sogenannte caps an, bei denen der Vertragszins entweder innerhalb einer vertraglich vereinbarten Bandbreite schwanken kann oder sogar nur eine Zinsobergrenze vereinbart wird, also nach unten keine Grenze existiert[10].

---

8 Vgl. § 6 Hypothekenbankgesetz. Zur laufzeitkonkurrenten Refinanzierung bei Hypothekendarlehen vgl. auch die Grafik bei *Wenzel*, Die Bank 1995, 368, 369.

9 Vgl. *Reischauer/Kleinhans*, Kommentar zum KWG, Stand 2.5.1996, Anhang 5 zu §§ 10 und 11, Grundsatz II Anm. 24.

10 Zur rechtlichen Problematik vgl. *Winter*, WM 1994, 2143; *ders.*, WM 1995, 1169; vgl. auch AG Schleswig WM 1996, 630; LG Bochum WM 1996, 629.

c) Schließlich kann der Kunde auf Festzinsdarlehen zurückgreifen, wobei er die Festzinsperiode unterschiedlich lang wählen kann; die Wahl ist wiederum ein Prognoseproblem der richtigen Einschätzung der Marktentwicklung.

Dem Kunden steht also eine breite Palette zur Verfügung, um ein auf seine persönlichen Verhältnisse und seiner Einschätzung der Marktentwicklung passendes Darlehensprodukt zu wählen.

IV. Vertragliche Bindung bei Festzinsdarlehen

Hat der Kunde sich aufgrund seiner Bedürfnisse und seiner Markteinschätzung für ein Festzinsdarlehens entschieden, hat er auf der einen Seite den Vorteil, keinem Zinsänderungsrisiko ausgesetzt zu sein, andererseits bleibt er aber an das Darlehen gebunden. § 609a BGB gewährt ihm in den hier interessierenden Fällen kein Kündigungsrecht. Denn nur für Verträge, die vor dem 1.1.1987 abgeschlossen wurden, kann noch § 247 a.F. BGB Geltung haben, und zwar dann, wenn das Darlehen *nicht* in eine Deckungsmasse eingestellt war und keine Prolongationsvereinbarung getroffen wurde. Eine bloße Zinsanpassungsklausel dürfte nicht ausreichen. Diese Konsequenz muß man aus der Übergangsvorschrift des Artikels 12 i.V.m. Artikel 14 des Gesetzes zur Änderung wirtschafts-, verbraucher-, arbeits- und sozialrechtlicher Vorschriften ziehen[11]. Verträge, die erst nach dem 31.12.1986 abgeschlossen wurden, können daher nur unter den Voraussetzungen des § 609a BGB gekündigt werden. Das sind nicht die Fälle, die hier primär im Vordergrund stehen, da diese grundpfandrechtlich gesichert sind. Für diese gilt § 609a Abs. 1 Nr. 3, der eine Kündigungsmöglichkeit nur bei Zinsbindungsfristen von über 10 Jahren gewährt. Das ist bei den Verträgen, die die eingangs geschilderten Schlagzeilen provozieren, nicht der Fall, so daß für diese Verträge ein ordentliches Kündigungsrecht nicht besteht.

Trotz dieser - wie man angesichts der gesetzlichen Regelung des § 609a BGB meinen sollte - klaren und eindeutigen Rechtslage häufen sich die unter- und oberinstanzlichen Entscheidungen[12], die sich mit der Frage

11 In diesem Sinne auch *Hopt-Mülbert*, Kreditrecht § 609a, Rdn. 53; *von Heymann*, BB 1987, 415, 416; *Häuser-Welter*, NJW 1987, 17.

12 Vgl. die Übersicht in der Anlage.

auseinandersetzen müssen, ob der Darlehensnehmer sich von einem ihn bindenden Darlehensvertrag lösen kann.

Bereits im Jahre 1981 hatte der Bundesgerichtshof die Frage zu entscheiden gehabt und seinerzeit noch kurz und knapp formuliert:

> "Es besteht kein Anlaß, auf die von der Revision aufgeworfene Frage einzugehen, ob die von den Beklagten für die Vertragsauflösung verlangte Vorfälligkeitsentschädigung unangemessen hoch ist; denn da der Kläger schon dem Grunde nach keinen Anspruch auf vorzeitige Vertragsauflösung hat, erübrigt sich die Frage nach deren Bedingungen."[13]

Diese Entscheidung ist m.E. nach wie vor richtig. Dabei hat sich der Gang der Untersuchung in zwei Teile zu gliedern. Bei einer gerichtlichen Überprüfung des Phänomens "Vorfälligkeitsentgelt" ist zunächst die Frage zu beantworten, ob dem Kunden ein wie auch immer geartetes rechtliches Instrument zur "Auflösung" des Kreditvertrages zur Verfügung steht, um anschließend - je nach Beantwortung dieser Vorfrage - zu dem Anschlußproblem zu gelangen, ob und wenn ja in welchem Umfang ein Gericht bankseitig ein berechnetes Vorfälligkeitsentgelt überprüfen kann.

V. Diskussionsansätze zur vorzeitigen Lösung des Kunden vom Vertrag

1. Ordentliches Kündigungsrecht

Ein ordentliches Kündigungsrecht gemäß § 609a BGB besteht - wie bereits dargelegt - in den hier interessierenden Fällen nicht.

2. Außerordentliches Kündigungsrecht

In dem Spektrum der vielfältigen Diskussionsansätze ist die These in die Debatte geworfen, unter bestimmten Voraussetzungen sei auch ein außerordentliches Kündigungsrecht des Kunden in Betracht zu ziehen[14]. Es wird hierzu auf die Gesetzesmotive zur Einführung des § 609a BGB verwiesen. Es sei lediglich um die Abschaffung des Kündigungsrechts zum Zwecke einer günstigen Umfinanzierung gegangen. Ein rigider und völliger Aus

13 BGH WM 1982, 185.
14 *Metz*, ZBB 1994, 205, 206; *ders.*, RWS-Script Nr. 282 Rdn. 69.

schluß des Rechts der außerordentlichen Kündigung sei nicht beabsichtigt gewesen. Insbesondere bei sozialen Problemlagen wird ein Recht zur außerordentlichen Kündigung gesehen. Folgende Fallgruppen werden benannt:

— Eine Veräußerung der Immobilie wird notwendig, weil eine berufliche Änderung (z.B. Versetzung durch den Arbeitgeber) erfolgt;
— eine familiäre Veränderung (z.B. Scheidung) stattgefunden hat oder
— eine wirtschaftliche Verwertung eines möglicherweise seit längerer Zeit verlustbringenden Immobilienobjekts möglich oder erforderlich ist (z.B. aufgrund von Arbeitslosigkeit).

Gegen ein außerordentliches Kündigungsrecht spricht neben dem eindeutigen Wortlaut des § 609a BGB bereits, daß nach klassischem Verständnis die Unzumutbarkeit einer Vertragsfortführung in der Person des Kündigungs*gegners* bzw. dessen Risikobereich und gerade nicht in der Person des Kündigenden selbst liegt[15].

Ein Vertragspartner verschafft durch die Umstände aus seiner Risikosphäre bzw. durch sein eigenes Verhalten ein außerordentliches Kündigungsrecht seinem Vertrags*gegner*, jedoch nicht sich selbst. Von dieser Konzeption gehen auch die §§ 626 ff BGB aus, wenn dort gerade keine Schadensersatz*pflicht* des Kündigenden, sondern umgekehrt ein Schadensersatz*anspruch* des Kündigenden in § 628 BGB vorgesehen ist[16]. In dieses Bild paßt auch eine Bemerkung des Bundesgerichtshofs in einer Entscheidung aus dem Jahre 1981, wo er ausführt, es entspreche einem allgemeinen Rechtsgrundsatz, daß grundsätzlich auch bei Dauerschuldverhältnissen eine außerordentliche Kündigung erst in Betracht komme, wenn der *andere* Vertragsteil zuvor auf die Folgen *seiner* Vertragswidrigkeit hingewiesen worden sei[17]. Also müßte der Kunde die Vertragswidrigkeit der Bank abmahnen. Diese verhält sich aber völlig vertragstreu, erfüllt den Vertrag und will ihn auch zukünftig erfüllen.

Ferner bestehen bei der Einräumung eines außerordentlichen Kündigungsrechts deutliche Schwierigkeiten in der Begründung des Vorfällig-

---

15 So wollte der Gesetzgeber des BGB ursprünglich zur Klarstellung des wichtigen Grundes in § 626 BGB hinzufügen, daß als wichtiger Grund insbesondere der Vertrauens- und Treuebruch und eine erhebliche Schädigung *des anderen Teils* zu verstehen sei (*Mugdan*, Die gesamten Materialien zum BGB, Bd. 3 (1899) S. 912).

16 Vgl. auch *Reifner*, NJW 1995, 86, 89.

17 BGH NJW 1981, 1264; vgl. auch BGH WM 1976, 508.

keitsentgelts, welches auch die Befürworter eines außerordentlichen Kündigungsrechts konzedieren[18]. Wenn nämlich in bestimmten persönlichen Situationen ein Kündigungsrecht des Kreditnehmers bestünde, würde spätestens mit der Ausübung desselben die gesicherte Zinserwartung des Kreditinstituts entfallen. Diese gesicherte Zinserwartung des Instituts bestünde nicht mehr bis zum Ende der Festzinsperiode, sondern vielmehr unter der Einschränkung, daß der Vertrag durch den Kündigungsnehmer nicht berechtigterweise vorzeitig außerordentlich gekündigt wird. Aus der Regelung des § 609a Abs. 4 BGB sowie der Rechtsprechung des Bundesgerichtshofs zur Berechnung des Verzugsschadens[19] sowie zur Nichtabnahmeentschädigung[20] ergibt sich jedoch eindeutig, daß eine Zinserwartung nur solange geschützt ist, wie das Institut auf den Bestand des Vertrags vertrauen darf. Nur für die Zeit der gesicherten Zinserwartung kann es seinen "Schaden" liquidieren. Folglich müßte man - um konsequent zu bleiben - die Vorfälligkeitsentschädigung völlig verneinen, wenn man ein außerordentliches Kündigungsrecht des Kreditnehmers zubilligte, falls bestimmte Umstände aus der Risikosphäre des Kreditnehmers eintreten.

Ein solches Ergebnis wird aber von den Befürwortern einer außerordentlichen Kündigung zu Recht nicht propagiert.

3. Entschädigung statt Erfüllung

Von *Reifner* wird - als weiterer Diskussionsansatz - ein Übergang vom primären vertraglichen Erfüllungsanspruch auf einen sekundären Schadensersatzanspruch aus dem Verhalten der Bank konstruiert[21]. Verlange die Bank als Reaktion auf das Begehren des Kunden nach vorzeitiger Vertragsbeendigung eine Entschädigungsleistung, so habe sie ein entsprechendes Angebot auf eine vertragliche Gestaltung des Erfüllungsersatzes gemacht. Sie könne nicht wieder zum ursprünglichen Erfüllungsanspruch zurückkehren, wenn der Kreditnehmer sich mit diesem Aufhebungsangebot einverstanden erklärt habe. Dabei enthalte das Angebot zwei Elemente, den Übergang zur Entschädigung und eine Behauptung über die Höhe des Schadensersatzes. Der Kreditnehmer stimme diesem Angebot zu, wenn er

18 Vgl. z.B. *Metz*, RWS-Script Nr. 282, Rdn. 169.
19 BGH, WM 1988, 929.
20 BGH, NJW 1990, 981.
21 *Reifner*, NJW 1995, 88.

das Prinzip "Entschädigung statt Erfüllung" vorbehaltlos akzeptiere. Er akzeptiere damit aber nicht automatisch die geltend gemachte Höhe der Entschädigung, da nur dasjenige als vereinbart gelte, was nach dem Gesetz verlangt werden könne.

Mit dieser Argumentation wird übersehen, daß die Bank natürlich nicht zwei voneinander unabhängige Erklärungen abgeben will. Sie erklärt sich mit dem Abschluß eines Aufhebungsvertrags nur unter der Voraussetzung einverstanden, daß ein Vorfälligkeitsentgelt in bestimmter Höhe gezahlt wird.

Die Betrachtungsweise von *Reifner* ist konstruiert. Mit dem tatsächlichen Willen des Kreditinstituts beim Abschluß von Aufhebungsvereinbarungen hat diese Qualifizierung nichts mehr zu tun[22].

- Exkurs "Vorbehaltszahlungen" -

Allerdings gibt es bei den Gerichten sehr unterschiedliche Auffassungen, wenn ein Darlehensnehmer das Vorfälligkeitsentgelt unter *Vorbehalt* zahlt. Hier liegt für die Kreditinstitute eine nicht zu unterschätzende Rechtsunsicherheit, da die Gerichte diese Vorbehaltszahlungen - je nach Verhalten der Bank - sehr unterschiedlich werten.

In der Praxis wendet sich der Kunde zumeist an die Banken und erklärt die Kündigung des Darlehens. Steht dem Kunden ein Kündigungsrecht nicht zu, ist die Erklärung in ein Angebot zum Abschluß eines Aufhebungsvertrags umzudeuten (§ 140 BGB). Hierauf reagiert die Bank, indem sie das Angebot ablehnt und ihrerseits gemäß § 150 Abs. 2 BGB ein modifiziertes Angebot vorlegt, zur Aufhebung des Vertrags sei sie gegen Zahlung eines bestimmten Entgelts bereit. Dieses kann der Kunde nun annehmen oder auch ablehnen. War die Bank zu keinen weiteren Verhandlungen bereit, zahlen die Darlehensnehmer die Ablösesumme zum Teil nur unter Vorbehalt, um die Löschungsbewilligung zu erhalten, die sie zum lastenfreien Verkauf des Objekts benötigen. Häufig werden nämlich die Kaufverträge über die Immobilie bereits unterschrieben, ohne vorher mit der Bank Kontakt aufgenommen zu haben.

---

22 So auch *Wenzel*, RWS-Script Nr. 282 Rdn. 188 unter Verweis auf eine nicht veröffentlichte Entscheidung des OLG Hamm vom 18.11.1991 (Az. 31 U 97/91).

Zur Relevanz solcher Vorbehalte äußert sich das OLG Karlsruhe[23] in einem Urteil vom 5.10.1995. Die Ablehnung der Forderung der Bank durch den Kunden sei ein neues Angebot. Die anschließende Erteilung der Löschungsbewilligung durch die Bank stelle eine konkludente Annahme dieses Angebots und damit Aufhebung des Darlehensvertrages gegen Zahlung einer angemessenen Entschädigung dar.

Völlig konträr judiziert das OLG Hamm in einer Entscheidung vom 13.12.1995[24]. In dem Fall war es zu heftigen Auseinandersetzungen zwischen Bank und Darlehensnehmer über die Höhe des Vorfälligkeitsentgelts gekommen. Der Darlehensnehmer zahlte schließlich unter Vorbehalt, um die Löschungsbewilligung zu erhalten. Das OLG erklärte hierzu: Dem vor der Zahlung erklärten Vorbehalt komme nur die Bedeutung zu, daß der Kläger sich trotz der Einigung die Rückforderung des in Vollzug der Einigung gezahlten Betrages offenhalten wollte, wenn sich das Verlangen der Beklagten nach Abschluß der getroffenen Vereinbarung zu den von ihr vorgegebenen Bedingungen unter irgendeinem rechtlichen Gesichtspunkt als angreifbar erweisen sollte. Das OLG spielt damit auf die in dem Fall im Raume stehende Frage an, ob das Darlehen vom Kunden möglicherweise hätte gekündigt werden können. Diese Frage wurde vom Gericht allerdings verneint. Der so verstandene Vorbehalt - so führt das OLG aus - habe dann allenfalls die Bedeutung, daß in der Zahlung selbst nicht ein über die Einigung hinausgehendes Anerkenntnis liegt und die Wirkung des § 814 BGB ausgeschlossen ist. Eine weitergehende Bedeutung komme dem Vorbehalt nicht zu. Jede weitere Einschränkung hätte die Beklagte berechtigt, die Leistung des Klägers abzulehnen, was schon nicht im eigenen Interesse des Klägers liegen konnte. Denn er wollte durch Zahlung des Betrages in Vollzug der zu den Bedingungen der Beklagten abgeschlossenen Einigung die Voraussetzungen schaffen, um die von ihm gewollte Lastenfreistellung des gekauften Grundstücks zu erreichen.

Beide Entscheidungen dokumentieren zwei völlig konträre Sichtweisen, die eine erhebliche Rechtsunsicherheit für die Institute zur Folge haben.

---

23 OLG Karlsruhe, WM 1996, 572.
24 OLG Hamm, WM 1996, 69; ebenso OLG Hamm WM 1996, 836.

4. Pflicht zum Abschluß einer Aufhebungsvereinbarung

Der Katalog der denkbaren rechtlichen Instrumente zur Lösung des Darlehensvertrags durch den Kreditnehmer ist jüngst um einen Vorschlag unter Verweis auf eine Entscheidung des LG Hannover[25] erweitert worden. Es wird vorgeschlagen, in extrem gelagerten Ausnahmefällen - gedacht ist hier an notwendige Objektverkäufe, die durch Ehescheidung, Krankheit oder Arbeitslosigkeit ausgelöst wurden - dem Darlehensnehmer einen Anspruch gegen die Bank auf Abschluß eines Aufhebungsvertrags aus Treu und Glauben (§ 242 BGB) zuzubilligen, sofern der Verbraucher bereit sei, die der Bank aus der vorzeitigen Darlehensrückführung entstehenden wirtschaftlichen Nachteile durch Zahlung eines Vorfälligkeitsentgelts auszugleichen. In diesen Fällen könne sich das von der Bank zu beachtende *Gebot der Rücksichtnahme* auf die berechtigten Belange ihres Vertragspartners ausnahmsweise zu einer Pflicht verdichten, am Abschluß eines Aufhebungsvertrags mitzuwirken[26].

In die gleiche Richtung tendiert offenbar auch *Nobbe*[27], der dem Kunden allerdings über die soeben genannten Fälle hinaus einen Anspruch auf Abschluß eines Aufhebungsvertrags auch dann zuzubilligen scheint, wenn der Kreditnehmer eine sich ihm bietende Chance zum gewinnbringenden lastenfreien Verkauf seines Grundstücks nutzen möchte, letztendlich also Spekulationsgewinne realisieren will. Denn der normale Eigennutzer wird sein Haus wohl nicht deshalb verkaufen, nur weil das Objekt zwischenzeitlich eine gewisse Wertsteigerung erfahren hat.

Meines Erachtens ist es sehr zweifelhaft, ob dieser Ansatz über § 242 trägt. Wenn überhaupt, dann allenfalls für Fälle sozialer Notlagen, keinesfalls aber für die Fälle der Realisierung von Spekulationsgewinnen.

Dieser Lösungsansatz führt nämlich in *wertungsmäßiger* Hinsicht dazu, daß sich die Bank Umstände aus dem Risikobereich des Vertragspartners zurechnen lassen muß, die sie nach bisheriger Sicht der Risikoverteilung nicht tangierten. Der Bundesgerichtshof sowie die Literatur gehen bislang unstreitig davon aus, daß es in die Risikosphäre des Kreditnehmers fällt, falls er an dem weiterhin möglichen Leistungserfolg kein Interesse mehr

---

25 LG Hannover - Urteil vom 17.6.1994, WM 1995, 192.

26 Vgl. *Bellinger/Kerl*, Hypothekenbankgesetz vor §§ 14-21a Rdn. 27; *Wenzel*, WM 1995 1433; *ders*. RWS-Script Nr. 282 Rdn. 22.

27 RWS-Script Nr. 40 Rdn. 839.

hat. In der Entscheidung zur Nichtabnahmeentschädigung vom 2.11.1989[28] führt der BGH aus: "Es ist mit dem wesentlichen Grundgedanken der gesetzlichen Regelung des Darlehensvertrages durchaus vereinbar, wenn der Darlehensnehmer das volle Risiko der Darlehensverwendung zu tragen hat." In diesem Sinne hatte der BGH bereits 1985 entschieden[29] und seine Sichtweise auch 1991 nochmals bestätigt[30]. In der Literatur heißt es dazu: "Der Darlehensnehmer kann sich nicht darauf berufen, daß er das Darlehen wegen anderer Finanzierungsmöglichkeiten oder Änderung seiner Planung nicht (mehr) benötigt"[31].

Die Annahme einer Pflicht zum Abschluß eines Aufhebungsvertrages führt damit zu Risikoverschiebungen, die nicht einmal das Instrument des Wegfalls der Geschäftsgrundlage erzielt.

Voraussetzung für einen Wegfall der Geschäftsgrundlage ist anerkanntermaßen, daß die Grenzen der vertraglich zugewiesenen Risiken überschritten wurden. Ein Überschreiten der Grenzen solcher Risikozuweisungen liegt gerade nicht vor, wenn sich ein Risiko verwirklicht, das eine Partei zu tragen hat[32]. Das Verwendungsrisiko des Darlehens soll nach der bisherigen eindeutigen Judikatur des BGH[33] der Darlehensnehmer tragen.

Mit dem Ansatz eines aus § 242 BGB abgeleiteten Anspruchs auf Abschluß eines Aufhebungsvertrags werden *im Ergebnis* juristische Instrumente reaktiviert, die zwar die Wurzeln für das Institut des Wegfalls der Geschäftsgrundlage bilden, selbst jedoch keine Gültigkeit mehr haben.

Es stellt sich der Eindruck ein, daß mit der Statuierung einer Pflicht zum Abschluß eines Aufhebungsvertrags eine Art clausula rebus sic stantibus in den Darlehensvertrag hineingelesen wird, um nicht zu sagen, daß damit die *Windscheid*'sche "Lehre von den Voraussetzungen"[34] über das Gebot der Rücksichtnahme eine Renaissance erfährt. Bekanntlich besagt die Lehre von der clausula rebus sic stantibus, daß der Fortbestand eines jeden Vertragsverhältnisses seinem Sinn nach von der Fortdauer derjenigen Verhältnisse und Umstände abhängt, die bei Vertragsabschluß bestanden und deren Existenz von den Parteien als künftig unverändert angenommen

28 BGH NJW 1990, 981.
29 BGH WM 1986, 156.
30 BGH WM 1991, 760.
31 Vgl. statt vieler *Palandt/Heinrichs*, 54. Aufl., § 242 Rdn. 145.
32 BGHZ 1974, 373; BGHZ 101, 152; BGH NJW 1984, 1747; BGH NJW 1992, 2691.
33 Vgl. Fn. 28-30.
34 Vgl. AcP 78 (1892), 191 ff.

wurde. Kommt es zu einem schwerwiegenden Wechsel der Verhältnisse und wird dadurch der Geschäftszweck vereitelt, so wird auch die Bindung an den Vertrag aufgehoben; denn insoweit ist er nicht gewollt[35]. Abgesehen davon, daß die Väter des BGB von der Aufnahme einer entsprechenden allgemeinen Bestimmung abgesehen haben[36], hat mit Ausnahme von Unterhaltsverträgen sowie Altenteilsverträgen mit Versorgungscharakter die Rechtsprechung die "clausula" bisher nicht genutzt[37].

Noch weiter geht gar die "Lehre von den Voraussetzungen" von *Windscheid*. *Windscheid* beschreibt mit seiner Lehre eine Zwischenstufe zwischen Motiv einerseits und vereinbarter Bedingung andererseits. Wer das Vorhandensein bestimmter Umstände voraussetze - so *Windscheid* - gehe von ihrer Gewißheit aus, wolle also den Vertrag unbedingt. Sein "eigentlicher" Wille sei jedoch beschränkt: Der Erklärende hätte die Bindung nicht gewollt, wenn er nicht von der Gewißheit der Umstände ausgegangen wäre. Der Lehre von den Voraussetzungen ist zu Recht vorgeworfen worden, daß sie vertragliche Bindungen stark gefährde, weil sie kaum eine Eingrenzung zulasse[38]. Sie ist daher nicht anerkannt worden. Über das Rücksichtnahmegebot wird jetzt jedoch für die hier interessierenden Fälle im Ergebnis anerkannt, daß der Darlehensnehmer eine vertragliche Bindung nicht, bzw. nicht über den vereinbarten Zeitraum eingegangen wäre, wenn er gewußt hätte, daß er vorher umziehen muß, daß seine Ehe scheitert, daß er erkrankt, und es wird im Gegensatz zu den Wertungen im Bereich der außerordentlichen Kündigung und des Wegfalls der Geschäftsgrundlage anerkannt, daß sich der Darlehensgeber diese Umstände entgegenhalten lassen muß.

Nun wird man der hier vorgenommenen kritischen Argumentation entgegenhalten können, daß es sich vorliegend nicht um eine sich bei der Bank wirtschaftlich stärker auswirkende Vertragsanpassung handele; der Darlehensnehmer verlange eben nicht eine Zinssenkung wegen der Änderung seiner persönlichen Verhältnisse. Das Interesse der Bank soll durch die Zahlung eines Vorfälligkeitsentgelts durchaus befriedigt werden - nur eben in einem anderen zeitlichen Horizont. Vor diesem Hintergrund wiederum

---

35 Vgl. z.B. *Enneccerus-Lehmann*, Schuldrecht, 15. Bearb. § 41, S. 175; *Soergel-Teichmann*, Bürgerliches Gesetzbuch, 12. Aufl. 1990 § 242 Rdn. 203.

36 Vgl. Motive II S. 314 ff; 843; Protokolle I S. 631 f, II RGZ 50, 257.

37 BGH NJW 1962, 2147; NJW 1986, 2055; OLG Düsseldorf Fam RZ 1981, 267.

38 *Lenel*, AcP 74 (1889), 213 ff; AcP 79 (1892), 49 ff.

mag in sozialen Problemfällen die Pflicht der Bank zur Mitwirkung an einem Aufhebungsvertrag aus dem Gebot der Rücksichtnahme zu rechtfertigen sein, wenn denn tatsächlich der Darlehensnehmer ohne Entlassung aus dem noch laufenden Darlehensvertrag und Freigabe des auf dem Objekt lastenden Grundpfandrechts die Immobilien nicht verkaufen kann. Eine solche Zwangssituation ist häufig aber nicht gegeben. Mit einem gewissen Verhandlungsgeschick ist es vielmehr möglich, einen Käufer zur Übernahme der laufenden Darlehensverpflichtungen des Verkäufers zu bewegen. Die Bank ist auch verpflichtet, einen geeigneten Ersatzdarlehensnehmer zu akzeptieren[39].

Andererseits ist auch den Interessen der Kreditinstitute Rechnung zu tragen.

— Es kann m.E. in Zeiten von starken Strukturanpassungen im Kreditgewerbe[40] der Darlehensnehmer nicht erwarten, daß das Kreditinstitut entsprechende Ressourcen vorhält, um den Aufwand zu bewältigen, der mit vorzeitigen Vertragsauflösungen verbunden ist und sich das Institut um die Wiederanlage des vorzeitig zurückzuzahlenden Kapitals kümmert. Dieser Aufwand mag bei Ablösungen, die ausschließlich durch soziale Problemlagen bedingt sind, im "normalen" Betrieb mit verkraftbar sein - obwohl dies eine betriebswirtschaftlich unzulässige Betrachtung wäre; bei einer generellen Ablösungsmöglichkeit wäre der Aufwand für die Institute erheblich.

— Das Hypothekenbankgesetz geht ferner in seinem § 6 Abs. 1 ausdrücklich davon aus, daß der Gesamtbetrag der im Umlauf befindlichen Pfandbriefe in Höhe des Nennbetrags jederzeit durch *Hypotheken* - und eben nicht durch sonstige Wiederanlagen, wie z.B. festverzinsliche Wertpapiere - gedeckt sein muß. Dieser Grundsatz wird aufgeweicht, wenn die Bank verpflichtet ist, herausgelegte Gelder gegen Zahlung einer Vorfälligkeit jederzeit zurücknehmen zu müssen. Wenn aber von Hypothekenbanken keine vorzeitige Aufhebung verlangt werden kann, dann aus Wettbewerbsgründen auch nicht von Sparkassen und Banken.

— In Niedrigzinsphasen decken sich Sparkassen und Banken mit ausreichender Liquidität ein. Es besteht nicht das geringste Interesse an zusätzlichem, vorzeitig zurückkommendem Kapital.

---

39 BGH WM 1990, 174.

40 Vgl. z.B. Handelsblatt vom 10.6.1996 "Banken vor gewaltigem Strukturwandel"; Handelsblatt vom 12.6.1996 "BIZ: Banken unter Anpassungsdruck".

— Es wird eine klare und eindeutige vertragliche Absprache in Form des Darlehensvertrages beiseitegeschoben und Rechtsunsicherheit geschaffen. Denn selbst wenn der BGH mit einer höchstrichterlichen Entscheidung Grundsätze festlegen sollte, wie das Erfüllungsinteresse der Bank bei vorzeitiger Ablösung korrekt zu bemessen ist, so werden im konkreten Einzelfall Zweifelsfragen über die richtige Anwendung dieser Grundsätze verbleiben. Insbesondere wird es immer Kunden geben, die auch ein von der Bank korrekt berechnetes Vorfälligkeitsentgelt unter Vorbehalt zahlen und eine gerichtliche Überprüfung anstrengen. Abgesehen davon, daß dies Aufwand in den Rechtsabteilungen der Institute verursacht, den der Kunde nicht bezahlt, laufen die Institute Gefahr, sich bei der Behandlung dieser Vorbehaltszahlung nicht richtig zu verhalten und plötzlich an ein niedriges Vorfälligkeitsentgelt gebunden zu sein; auf die unterschiedliche Behandlung von solchen Vorbehalten durch die Oberlandesgerichte wird verwiesen.

— Last but not least ist dem Ansatz, aus dem Gebot der Rücksichtnahme ergäbe sich eine Pflicht zum Abschluß eines Aufhebungsvertrages, noch ein gesetzessystematisches Argument entgegenzusetzen, welches aus dem nicht einmal 10 Jahre alten § 609a BGB abzuleiten ist. Die Vorschrift ist nach intensiver wissenschaftlicher und rechtspolitischer Diskussion um die Berechtigung des § 247 BGB 1987 eingeführt worden[41]. Sie stellt einen Kompromiß zwischen dem grundsätzlich für berechtigt gehaltenen Bedürfnis der Banken und dem Interesse der Darlehensnehmer an der Vermeidung einer Bindung an nicht mehr marktgerechte Konditionen dar[42].

In der Begründung zum Gesetzentwurf heißt es dazu: "Das gesetzliche Kündigungsrecht des Schuldners soll durch den Entwurf nicht ersatzlos aufgehoben werden. Der Entwurf verfolgt vielmehr das Ziel, den Schuldnerschutz *nur* dort auf ein angemessenes Maß zurückzuführen, wo er sich in der Vergangenheit als *besonders* störend erwiesen hat".[43] Und weiter heißt es: "Der Entwurf bietet so dem Schuldner klare Alternativen zwischen einem auch langfristig berechenbaren Kredit (§ 609a Abs. 1) und einem an den jeweiligen Marktgegebenheiten orientierten Kredit (§ 609a Abs. 2), von dem er sich aber auch kurzfristig lösen kann. Unter beiden

---

41 Grundlegend *v. Heymann*, Die Kündigung von Darlehen nach § 247, Schriften zum deutschen und ausländischen Geld-, Bank- und Börsenrecht Bd. 7, 1984.

42 MünchKomm.-*Westermann*, 2. Aufl. 1988, § 609a Rdn. 1.

43 BT-Drucks. 10/4741, S. 21.

Formen kann er je nach seinen Kreditbedürfnissen und den Verhältnissen am Kreditmarkt wählen."[44]

Gerade aus der Betonung der Wahlmöglichkeit - hier Festzinsdarlehen mit der Bindung für die Festzinsperiode, dort variabler Zins mit kurzfristiger Lösungsmöglichkeit - läßt sich folgern, daß der Gesetzgeber mit dem neuen § 609a BGB eine Schuldnerschutzvorschrift einführte, die die Möglichkeiten des Schuldners, sich aus dem Dauerschuldverhältnis "Darlehen" zu lösen, abschließend regelt. Dem Kunden, der sich jederzeit aus einem Darlehensvertrag lösen möchte, bietet der Gesetzgeber diese Möglichkeit, indem er bei Darlehen mit variablen Zinsen ein jederzeitiges Kündigungsrecht statuiert. Der Kunde, der von dieser Variante keinen Gebrauch macht, bleibt an den Vertrag gebunden. Für eine dritte Variante - nämlich ein Recht auf Abschluß eines Aufhebungsvertrages - bietet das Gesetz aufgrund der abschließenden Regelung des § 609a BGB keinen Raum[45]. Hätte der Gesetzgeber eine solche Variante gewollt, so hätte er sie problemlos ins Gesetz einführen können. § 552 aus dem Mietrecht sowie § 649 aus dem Werkvertragsrecht boten entsprechende Ansätze.

Daher ist als Zwischenfazit festzuhalten: Weder eine krankheits-, scheidungs- oder arbeitsplatzbedingte Notwendigkeit zum Verkauf einer Immobilie dürfte einen Rechtsanspruch gegen das Institut auf Abschluß eines Aufhebungsvertrags gewähren. Dies gilt erst recht für die Fälle der Realisierung von Gewinnen aufgrund von Immobilienwertsteigerungen. Dies sind Umstände, die der Risikosphäre des Kunden entstammen und die sich das Institut auch nicht aus dem Gebot der Rücksichtnahme entgegenhalten lassen muß. Es hat vielmehr bei dem Grundsatz zu verbleiben, "pacta sunt servanda".

VI. Zur gerichtlichen Überprüfbarkeit des Vorfälligkeitsentgelts

Wie dargelegt, steht dem Darlehensnehmer kein Recht zu, sich einseitig von dem Darlehensvertrag zu lösen. Vielmehr kann der Darlehensvertrag nur im zweiseitigen Einvernehmen aufgehoben werden. Zug um Zug gegen Zahlung des vereinbarten Vorfälligkeitsentgelts erklärt die Bank die Zustimmung zur Aufhebung des Darlehensvertrags. Bei der Ablösesumme

44 Ebda., S. 22.
45 Im Ergebnis ebenso AG Dortmund NJW-RR 1996, 37.

handelt es sich also um einen Preis. Dieser stellt die Gegenleistung für die Zustimmung des Instituts zur Aufhebung des Vertrags dar[46]. Das Vorfälligkeitsentgelt ist damit auch keine Aufwendung, wie *Wolf/Horn/Lindacher* meinen[47]. Es unterliegt nicht der AGB-Kontrolle (§ 8 AGB-Gesetz).

Der Aufhebungsvertrag ist an den Grenzen des § 138 zu messen und nicht nach § 315 BGB zu kontrollieren, da es sich nicht um ein einseitiges Leistungsbestimmungsrecht handelt.

Um die Sittenwidrigkeitsgrenze zu bestimmen, ist zweistufig vorzugehen. Zunächst ist zu fragen, wie hoch der Schaden des Instituts bei vorzeitiger Rückzahlung ist. Der Schadensbegriff wird hier als Arbeitshypothese herangezogen, um überhaupt eine Plattform zu gewinnen, auf der anschließend die Frage zu beantworten ist, wie hoch ein etwaiger prozentualer Zuschlag auf diesen Schaden sein darf, um die Grenze des § 138 zu markieren.

1. Bestimmung des Schadens

Ausgangspunkt der Schadensbestimmung hat das Erfüllungsinteresse des Kreditinstituts zu sein. Es ist daher zunächst zu ermitteln, welche Summe an vertraglich geschuldeten Zinsen bis zum Ende der Zinsbindungsfrist aufgelaufen wäre. Sofern es sich um ein Annuitätendarlehen handelt, ist zu beachten, daß der in der Annuität enthaltene Zinsanteil bis zum Ende der Zinsbindungsfrist aufgrund der Tilgung des Darlehens kontinuierlich abnimmt.

Unter dem Gesichtspunkt der Vorteilsausgleichung hat das Kreditinstitut alle Vorteile, die ihm aus der vorzeitigen Rückzahlung des Kapitals sowie der Zahlung der Zinsen erwachsen, in Abzug zu bringen.

a) Abzinsung der Zinsen

Die Bank erhält die Zinsen nicht mehr sukzessive entsprechend ihrer ursprünglichen Fälligkeit; die Zinsen werden vom Kunden vielmehr in einer Summe gezahlt. Die Bank ist also in der Lage, die Zinsen sofort wieder ertragbringend anzulegen. Diesem Vorteil ist durch Abzinsung

46 So auch OLG Frankfurt Urteil vom 23.11.1994 (Az. 19 U 7/94).

47 *Wolf/Horn/Lindacher*, AGBG 3. Aufl. 1994, § 9 D 30.

Rechnung zu tragen. In seiner Entscheidung zur Nichtabnahmeentschädigung vom 12.3.1991 hat der BGH eine entsprechende Forderung aufgestellt[48].

b) Risikokosten, Verwaltungsaufwand

Die Darlehenszinsen enthalten eine Risikoprämie, mit der das Institut die Gefahr eines Ausfalls des Kredits absichert. Ebenfalls in seiner Entscheidung zur Nichtabnahmeentschädigung verlangt der BGH einen Abzug dieser Komponente, da bei der Nichtabnahme des Darlehens sich das Risiko nicht realisiert. Bei der vorzeitigen Rückzahlung gilt Entsprechendes.

Unberücksichtigt bleiben kann der im Zins enthaltene Verwaltungsaufwand, der auch während der Laufzeit eines Darlehens entsteht. Denn dieser Vorteil wird durch den Aufwand der Bank bei der vorzeitigen Ablösung ohnehin übertroffen[49].

c) Disagio

Wurde ein Darlehen mit Disagio vereinbart, so gilt folgendes:

Seit der grundlegenden Entscheidung des BGH vom 29.5.1990[50] qualifiziert dieser ein Disagio im Zweifel als Zins, da das Disagio als Zinsfeinsteuerungsinstrument eingesetzt werde. Inwieweit bei einer vorzeitigen Auflösung eines Vertrags jedoch der nicht verbrauchte Disagioanteil zurückzuerstatten ist, ist durch die Rechtsprechung bisher nicht abschließend geklärt. Die Qualifizierung als Zins läßt zwar einerseits vermuten, daß dieser bei einer vorzeitigen Rückzahlung des Kapitals zurückzuerstatten ist. Andererseits stellte der BGH bei der Frage der Rückerstattung offenbar entscheidend darauf ab, ob bei der Rückzahlungsvereinbarung das Disagio *erkennbar* bei der Bank verbleiben sollte[51]. In einem Nichtannahmebeschluß vom 23.11.1993 führt er aus, in der Kalkulation der von den Parteien frei vereinbarten Ablöseentschädigung sei angesichts des seit der Kreditaufnahme eingetretenen erheblichen Zinsrückgangs der nicht ver-

---

48 Vgl. BGH WM 1991, 760, 761.
49 Vgl. *Wenzel*, Die Bank 1995, 368, 379.
50 BGH ZIP 1990, 848.
51 Vgl. insofern BGH WM 1994, 13; BGH WM 1994, 21.

brauchte Teil des Disagios erkennbar einbezogen. Er hat also eine Rückzahlungspflicht verneint, wenn das Disagio erkennbar als Rechnungsposten in die Kalkulation des Entgelts einbezogen ist.

Für die vorliegend im Rahmen der Sittenwidrigkeitsgrenze zu beantwortende Frage nach dem wirtschaftlichen Nachteil kann man die Streitfrage wohl dahinstehen lassen. Berechnet die Bank ihren Zinsausfall bis zum Ende der Zinsbindungsfrist auf Basis des Effektivzinssatzes, so ist das unverbrauchte Disagio abzuziehen, da es im Effektivzins bereits enthalten ist. Dann kann der in Form des Disagios vorab von der Bank schon vereinbarte Zinsanteil nicht zusätzlich bei dem Institut verbleiben[52].

2. Der Referenzzinssatz

Um den Schaden der Bank zu bestimmen, ist weiterhin der Vorteil zu definieren, den die Bank aus dem vorzeitigen Rückfluß des Kapitals ziehen kann. Durch die Diskussion ziehen sich die Schlagworte vom Aktiv-Passiv- und vom Aktiv-Aktiv-Vergleich. In seiner Rechtsprechung zur Nichtabnahmeentschädigung hat der BGH grundsätzlich beide Varianten für die Schadensberechnung offengelassen. Beim Aktiv-Passiv-Vergleich werden die Zinsflüsse von dem vorzeitig beendeten Geschäft in Beziehung gesetzt zu den Kosten einer ersparten Refinanzierung. Die Ersparnis der Bank liegt also darin, daß sie keine Gelder aufnehmen muß, um ein Neugeschäft für die Restlaufzeit des Ursprungsdarlehens abschließen zu können. Anders als bei Hypothekenbanken, die sich im wesentlichen über Pfandbriefe refinanzieren, besteht bei Vollbanken das Problem, daß diese sich durch einen ganzen Strauß von Instrumenten refinanzieren.

Beim Aktiv-Aktiv-Vergleich wird hingegen danach gefragt, wie die Bank das vorzeitig zurückerhaltene Geld am Markt wieder anlegen kann. In der Differenz beider Zinssätze liegt dann der Zinsverschlechterungsschaden. Umstritten ist die Frage, ob bei einem Aktiv-Aktiv-Vergleich die Bank *zusätzlich* ihren entgangenen Gewinn erstattet verlangen kann[53].

---

52 Zur Kritik von *Reifner* am Effektivzins vgl. NJW 95, 2945, 2948.

53 Verneinend *Reifner*, NJW 1995, 86, 89; *Brutschke*, ZAP Fach 8 S 174, 184; *Metz*, ZBB 1994, 205, 213; bejahend *Bellinger/Kerl*, Hypothekenbankgesetz, vor §§ 14-21, Rdn. 27, 28; *Weber*, NJW 1995, 2951, 2955; *Wenzel*, RWS-Script Nr. 282, Rdn. 268.

Der BGH hat in einem Urteil vom 29.6.1994[54] bestätigt, bei einem Kaufmann sei nach dem gewöhnlichen Lauf der Dinge zu erwarten, daß er marktgängige Waren jederzeit zum Marktpreis absetzen könne. Daraus folge, daß der Deckungsverkauf eines Verkäufers - in dem entschiedenen Fall ging es um einen Gebrauchtwagen -, dessen Schaden in Form des entgangenen Gewinns nicht entfallen lasse, also die Neuausreichungsmöglichkeit des Kapitals den Gewinn nicht entfallen läßt. Denn § 252 Satz 2 BGB enthalte die weitere Vermutung, daß der Verkäufer bei ordnungsgemäßer Erfüllung des ersten Vertrags auch mit dem zweiten Verkäufer einen Vertrag über die vertriebenen Waren geschlossen hätte und diesen Vertrag hätte erfüllen können[55].

Der entgangene Gewinn kann bei einem Aktiv-Aktiv-Vergleich somit zusätzlich geltend gemacht werden. Die Frage ist allerdings, welcher Referenzzins beim Aktiv-Aktiv-Vergleich heranzuziehen ist. Einen Aktiv-Aktiv-Vergleich hat der BGH bereits bei seiner Verzugszinsrechtsprechung praktiziert[56].

Beim Verzug fehlt der Bank das Geld; vorliegend bekommt sie selbiges vorzeitig zurück. Aufgrund dieser Parallelität könnte man daher auf den Gedanken verfallen, daß als Referenzzins ebenso wie bei der Verzugsschadensrechtsprechung ein Durchschnittszinssatz aus der Palette des Aktivgeschäfts der Bank zu wählen ist - so offenbar noch *Reifner/ Brutschke* in ihrem Gutachten vom Dezember 1993 (S. 43). Von dieser Position scheint *Reifner* zwischenzeitlich selbst abgerückt. In NJW 1995, 2948 erklärt er, die einfachste und damit auch plausibelste Möglichkeit, den Vorfälligkeitsschaden zu berechnen, bestehe darin, den aktuell bei einer Bank für 100%-ige Auszahlung vorhandenen Hypthekenzinssatz zu nehmen, der den Krediten mit einer Laufzeit, die die Restlaufzeit der Zinsbindung des Altvertrags umfaßt, entspricht. Zu ergänzen wäre, daß sich eine Durchschnittszins-Betrachtung nicht nur aus Praktikabilitätsgesichtspunkten, sondern insbesondere aus der Sache heraus verbietet. Denn von der Bank kann unter Schadensminderungsgesichtspunkten nur erwartet werden, daß sie das vorzeitig zurückerhaltene Kapital wieder anlegt in einem Geschäft von allenfalls gleicher Risikostruktur. Überziehungskredite und Konsumentendarlehen, die auch Eingang in die Betrachtung des

---

54 BGH NJW 1994, 2478.

55 Im Ergebnis zustimmend *Pohlmann*, NJW 1995, 3169, jedoch mit Kritik im Detail.

56 BGH NJW 1990, 981.

Marktdurchschnittszinses finden, haben daher per se aus der Betrachtung auszuscheiden. Ein Marktdurchschnittszins als Referenzzins ist daher in jedem Fall verfehlt.

Damit ist allerdings noch keineswegs die Frage beantwortet, ob die Bank die vorzeitig zurückgeflossenen Gelder in einem alternativen Hypothekarkredit wieder anlegen muß. Dagegen dürften im wesentlichen drei Gesichtspunkte sprechen.

a) Zum einen ist die Bank allenfalls gezwungen, das vorzeitig zurückerhaltene Kapital wieder in ein Geschäft mit gleicher Risikostruktur einzubringen, also mit vergleichbarer Bonität des Schuldners und gleichrangiger Absicherung im Grundbuch. Dies wird häufig nicht möglich sein.

b) Denn oft handelt es sich um "krumme" Beträge, die die Bank vorzeitig zurückerhält und mit "gebrochenen" Laufzeiten wieder anlegen muß, d.h. es wird sich kaum ein Hypothekarkredit am Markt finden lassen, bei dem das vorzeitig zurückkommende Kapital genau bis zum Zeitpunkt des Endes der Zinsbindungsfrist des Ursprungsdarlehens ausgeliehen werden kann[57].

c) Insbesondere ist zu beachten, daß die Bank sich jederzeit am Geld- und Kapitalmarkt refinanzieren kann, um ein Neugeschäft tätigen zu können. Die zurückfließenden Mittel werden von der Bank daher nicht benötigt, um ein weiteres Geschäft abschließen zu können. Ein Blick auf die aktuelle Zinssituation belegt diese Einschätzung. In dem zurückliegenden Zinstal, aus dem wir uns derzeit langsam herausbewegen, haben sich die universell tätigen Institute über ihren aktuellen Bedarf hinaus mit Mitteln eingedeckt, um bei dem erwarteten Zinsanstieg sich dann kostengünstig refinanziert zu haben. Diese aufgenommenen Gelder können nicht alle 1:1 wieder im Aktivgeschäft herausgelegt werden. Vielmehr werden sie zum Teil "geparkt", und zwar auf dem Geld- und Kapitalmarkt.

Wenn eine Bank ihr eigenes Geld derzeit nicht in Hypothekarkrediten ausleihen kann, so ist keine Rechtspflicht der Institute zu erkennen, einen Kunden so zu stellen, als habe die Bank die vorzeitig zurückgenommenen Gelder wieder in einen Hypothekarkredit investiert.

57 Vgl. *Kirsten*, Bankmagazin 4/94 S. 43, 44.

Der Kunde kann daher unter Schadensminderungsgesichtspunkten nur erwarten, daß die Bank diese "Überschußgelder" am Geld- und Kapitalmarkt unterbringt. Die Anleihen des Bundes bieten insofern eine adäquate Anlagemöglichkeit, da dieser Markt durch die Marktpflege der Bundesbank sehr liquide ist und jederzeit in der erforderlichen Laufzeit Papiere gekauft werden können. Der Bearbeitungsaufwand ist gering. Ein Kursrisiko besteht nicht, da Papiere gekauft werden können, deren Endfälligkeit sich mit der Zinsbindungsfrist des Altvertrags deckt. Die Bundesanleihen stellen also einen zutreffenden Referenzzins dar[58].

VII. Bestimmung der Grenze des § 138

Auf der soeben ermittelten Plattform ist abschließend die Frage zu beantworten, wie groß die Bandbreite sein darf, mit der von der Plattform abgewichen werden darf, bevor die Kreditinstitute an die Grenze des § 138 stoßen. Bei der Bemessung dieser Grenze ist zu berücksichtigen, daß die Kreditinstitute sich regelmäßig in einer starken Verhandlungsposition befinden. Ein Markt im klassischen Sinne, bei dem der Kunde unter verschiedenen Angeboten auswählen kann, besteht häufig nicht. Eine Gegenposition zu den Forderungen des Instituts kann der Kunde nur dann aufbauen, wenn er zu der Bank sonstige Geschäftsverbindungen unterhält (z.B. Depot, Einlagengeschäft etc.). Insbesondere in den Fällen, in denen aus einer sozialen Problemlage heraus ein Hausverkauf notwendig ist, dürfte - zwar nicht zwangsläufig, aber häufig - eine entsprechende Verhandlungsmasse nicht vorhanden sein. In diesen Fällen dürfte die Sittenwidrigkeitsgrenze niedrig anzusetzen sein.

Läßt sich die Bank auch in sonstigen Fällen auf eine vorzeitige Auflösung des Darlehensvertrags ein, so ist die Grenze deutlich höher zu bemessen.

Überschreitet ein Aufhebungsvertrag die Grenze des § 138, so wäre an sich die Nichtigkeit die zwingende Rechtsfolge mit der Konsequenz, daß das ursprüngliche Darlehensverhältnis wieder zur Entstehung gelangt. Eine solche Rechtsfolge liegt aber gerade nicht im Interesse des Schuldners. Die Schuldnerschutzvorschrift des § 138 BGB würde in ihr Gegenteil verkehrt.

---

58 Ebenso LG Karlsruhe WM 1996, 574; OLG Hamm WM 1996, 569; OLG Karlsruhe WM 1996, 572; OLG Hamm WM 1996, 442.

Dem Schutzgedanken des § 138 BGB ist vielmehr durch eine Modifizierung der Rechtsfolge Rechnung zu tragen und das Vorfälligkeitsentgelt auf das zulässige Maß zu reduzieren.

VIII. Ergebnis

Grundsätzlich hat der Kunde keinen Anspruch auf vorzeitige Auflösung des Darlehensvertrags. Vielmehr gilt der Grundsatz "pacta sunt servanda". Eine Kontrolle der Vorfälligkeitsentgelte findet über § 138 BGB statt. In Fällen, in denen aus einer sozialen Problemlage heraus eine vorzeitige Ablösung erfolgt, ist die Sittenwidrigkeitsgrenze niedrig anzusetzen. In allen übrigen Fällen ist die Grenze deutlich höher anzusetzen. Wird diese Grenze überschritten, so hat eine Vertragsanpassung zu erfolgen.

Anhang

Überblick der Gerichtsentscheidungen zum Thema Vorfälligkeitsentgelt/ Vorfälligkeitsentschädigung aus jüngster Zeit

Es handelt sich um einen Überblick, nicht um eine vollständige Aufzählung

	Recht des Darlehensnehmers zur außerordentlichen Kündigung	*Anspruch des Darlehensnehmers auf vorzeitige Vertragsbedingung*	*Zahlung des Darlehensnehmers unter Vorbehalt*	*Bestimmung des Wiederanlagezins*	*Berücksichtigung des Disagios*
AG Delmenhorst Urt. v. 05.12.1995 WM 1996, 580	-	-	immer Vorbehalt des Darlehensnehmers unbeachtlich	-	-
AG Frankfurt Urt. v. 22.05.1995 AZ 32 C 973/95 - 39 nicht veröffentlicht	-	-	Vorbehalt unbeachtlich	Zinssatz im Interbankenhandel	-
bestätigt durch LG Frankfurt Urt. v. 28.02.1996 AZ 2/ 1 S 296/95	-	-	Vorbehalt hat nur Wirkung, mgl. Einwendungen, die sonst nach § 814 ausgeschlossen wären, zu erhalten.	Zinssatz im Interbankenhandel	-
AG Dortmund Urt. v. 07.03.1995 NJW RR 1996, 37	-	nein	Kläger hatte erst nach einem Jahr Überhöhung des Vorfälligkeitsentg. behauptet. Gericht verneint Sittenwidrigkeit nach § 138.	-	-
AG Hamburg Urt. v. 23.11.1994 nicht veröffentlicht	nein	nein	§ 138 wird verneint	-	-
AG Herford Urt. v. 03.11.1994 AZ 12 C 818/94 nicht veröffentlicht	-	-	§ 138 wird verneint	-	-

- : keine Aussagen zum Thema im Urteil

LG Karlsruhe Urt. v. 13.12.1995 WM 1996, 574	-	ja (§ 242 BGB)	Vorbehalt beachtlich, Gestattung der Nutzung der Löschungsunterlagen konkludente Annahme des (niedrigeren) Angebots des Darlehensnehmers	laufzeitkongruente Umlaufrendite für festverzinsliche Wertpapiere	-
LG Hannover Urt. v. 27.07.1994 WM 1995, 192	-	ja (§ 242 BGB) Kreditinstitut ist zur Erteilung der Löschungsbewilligung verpflichtet, wenn Erfüllungsinteresse befriedigt wird.	Kreditinst. hat keinen Anspruch, Vorfälligkeitsentschädigung vorbehaltlos zu erhalten.	-	zeitanteilige Disagioruckerstattung
LG Lübeck Urt. v. 16.06.1995 WM 1996, 577	offengelassen	offengelassen	Vorbehalt beachtlich	Zinssatz für laufzeitkongruente Darlehensverträge gem. Konditionentableau der Bank	-
LG Dortmund Urt. v. 11.11.1995 WM 1996, 444	nein	nein	-	-	Disagio war in Kalkulation des Vorfälligkeitsentgelts einbezogen, keine Rückerstattung
LG Frankfurt Urt. v. 15.11.1993 AZ 2/15 034/93 nicht veröffentlicht	nein	nein Keine allgemeine Rechtspflicht eines Kreditinstituts, langfristige Darlehen unter bestimmten Bedingungen vorzeitig zu beenden. (In Konkreto waren finanzielle Schwierigkeiten aufgetreten.)	-	-	keine Disagioerstattung

LG München I Urt. v. 20.12.1994 WM 1996, 579	-	Berufsbedingter Umzug rechtfertigt keine außerordentliche Kündigung.	Vorbehalt unbeachtlich, wenn Darlehensnehmer nach Widerspruch der Bank ohne Vorbehalt fristgerecht zahlt.	-	-
OLG Hamm Urt. v. 27.03.1995 WM 1995, 836	nein	nein	Vorbehalt unbeachtlich. „Wenn die Beklagte die Verfügung über die Löschungsunterlagen nur bei Zahlung der geforderten ... Vorfälligkeitsentschädigung gestattet, kann ... Verfügung über Löschungsunterlagen bei gleichzeitiger Zahlung nur als Annahme ihres Angebotes verstanden werden."	-	
OLG Hamm Urt. v. 13.12.1995 WM 1996, 569	-	nein	Verwendung der Löschungsunterlagen ist als Annahme des Angebots der Bank zu sehen. Vorbehalt hat allenfalls Bedeutung, daß in der Zahlung selbst nicht ein über die Einigung hinausgehendes Anerkenntnis liegt.	Wiederanlage zu Kapitalmarktsätzen	-
OLG Karlsruhe Urt. v. 05.10.1995 WM 1996, 572	Geplanter vorzeitiger Verkauf der finanzierten Immobilie rechtfertigt keine außerordentliche Kündigung des Darlehens.	-	Ablehnung der Forderung der Bank ist neues Angebot: Aufhebung des Darlehensvertrages gegen angemessene Entschädigung konkludente Annahme der Bank durch Erteilung der Löschungsbewilligung	Durchschnittsertrag festverzinslicher inländischer Wertpapiere gem. Monatsberichten der Bundesbank	grds. anteilige Erstattungspflicht; auf Grund der Umstände des Einzelfalls aber keine Erstattung

OLG Schleswig Urt. v. 16.11.1995 WM 1996, 442, 443	-	-	-	-	bei erkennbarer Einbeziehung der Disagiorückerstattungsansprüche in Vorfälligkeitsentgelt keine Erstattung
OLG Hamm Urt. v. 25.10.1995 WM 1996, 442	-	-	-	keine Sittenwidrigkeit bei Berechnung der Vorfälligkeitsentschädigung auf Basis des Kapitalmarktschadens	-
OLG Celle Urt. v. 20.09.1995 WM 1996, 439	-	-	-	Zinssatz für laufzeitkongruenten Darlehensvertrag	-
OLG Frankfurt Urt. v. 20.10.1995 WM 1996, 441	-	-	-	-	bei erkennbarer Einbeziehung des Disagiorückerstattungsanspruchs in Vorfälligkeitsentgelt keine Erstattung
OLG Frankfurt Urt. v. 23.11.1994 AZ 19 U 7/94 nicht veröffentlicht	wirtschaftliche Zwangslage der Darlehensnehmer kein wichtiger Grund	nein, auch dann nicht, wenn Renditeobjekt wegen einer Fehlspekulation verkauft werden soll	Anspruch der Bank auf vorbehaltlose Zahlung des Darlehensnehmers; Aufhebungsvertrag ist Generalquittung, keine Sittenwidrigkeit des Aufhebungsantrages	-	-

II. Abteilung:
Rechtsfragen des Rating von Unternehmen

Leitung: Professor *Dr. Friedrich Rümker*,
Stellvertretender Vorsitzender des Vorstandes der
Landesbank Schleswig-Holstein

Rechtsfragen des Rating[1]

Professor Dr. *Friedrich Kübler*
Universität Frankfurt am Main/University of Pennsylvania

Inhaltsübersicht

---

1 Angesichts raschen Wachstums und Wandels ist es nicht möglich, das Phänomen des Ratings allein anhand veröffentlichten Materials zu beurteilen. Für vielfältige Hinweise, Auskünfte und unveröffentlichte Texte bin ich den folgenden Damen und Herren zu besonderem Dank verpflichtet: Dr. Christoph Bark, R + V Versicherungsgruppe; Kathleen G. Cully und Neil D. Baron, Fitch Investors Service; Stephen Dietz, Citibank; Prof. Dr. Theodor Heinsius, Universität Frankfurt; Herrn Wolfgang Kolb, Dresdner Bank AG; Dr. Bernd Lüthje und Dr. Hans-Joachim Beyer, Verband öffentlicher Banken; Herrn Wolfgang Meyer-Parpart, Standard & Poor's; Professor Charles Mooney, University of Pennsylvania Law School; Herrn Jochen Sanio, Bundesaufsichtsamt für das Kreditwesen; Professor William Tyson, Wharton School, University of Pennsylvania; Dr. Bernd Voß, Dresdner Bank AG.

I. Rating als Problem der Rechtsordnung?

1. Aktuelle Konflikte

Konfrontiert Rating mit neuen Rechtsfragen und Regelungsaufgaben? Sind nicht nur Rechtsprechung und Dogmatik, sondern auch die Rechtspolitik gefordert? Ich will versuchen, Sie anhand einiger exemplarischer Vorgänge in die Problemlandschaft einzuführen:

a) Die Securities and Exchange Commission (SEC), die amerikanische Kapitalmarktaufsicht, hat im August 1994 eine amtlichen Mitteilung veröffentlicht, in der sie um Ratschläge und Empfehlungen bittet, in welcher Weise Ratingagenturen künftig anerkannt, eventuell auch registriert und beaufsichtigt werden sollen[2].

b) Der Jefferson County School District, eine juristische Person des öffentlichen Rechts im amerikanischen Bundesstaat Colorado, bereitete im Herbst 1993 die Ausgabe von Schuldverschreibungen in Höhe von über 100 Millionen Dollar vor, durch die eine ältere, höher verzinsliche Anleihe abgelöst werden sollte. Der School District bat Standard & Poor's und Fitch Investors Service um ein Rating, das - mit AA bzw. A+ - positiv ausfiel. Ein Angebot von Moody's war abgelehnt worden. Am Tag der Emission veröffentlichte Moody's eine negative Einschätzung der Schuldtitel, die mit der unzulänglichen Finanzausstattung des School District, mit rechtlichen Zweifeln und steuerlichen Problemen begründet wurde. Daraufhin sah sich der School District gezwungen, die Verzinsung der Anleihe um 15 Basispunkte anzuheben. Im Herbst letzten Jahres hat er Moody's auf Schadensersatz in Höhe von US $ 700.000 verklagt[3]. Presseberichten zufolge hat die Antitrust Division des Justice Department, die amerikanische Kartellaufsicht, wegen ähnlicher Vorgänge ein Ermittlungsverfahren gegen Moody's eröffnet[4].

c) Eine deutsche Großbank gibt bekannt, daß sie sich mit dem Management einer englischen Investmentbank über deren Erwerb geeinigt habe. Noch am selben Tag erhält das zuständige Vorstandsmitglied den warnenden Anruf des deutschen Repräsentanten einer amerikanischen Ratingagen-

---

2 SEC, Release No. 33-7085 vom 31.8.1994, Fed. Reg. 59 Nr. 172 v. 7.9.1994, 46134 ff.

3 Kopie der Klageschrift in den Unterlagen des Verfassers. Über diesen und andere Fälle informierte die New York Times vom 24.11.1995 D 9 und D 14.

4 Federal Antitrust Inquiry Has Begun Against Moody's, The New York Times v. 28.3.1996, C 5; vgl. auch FAZ vom 2.4.1996, 22.

tur: die Bank habe versäumt, die Agentur frühzeitig über die Akquisition zu informieren; sie riskiere damit ein "downgrading", d.h. eine schlechtere Bewertung durch die Agentur.

d) Die Landesbanken sind bis vor kurzem von allen in Deutschland aktiven Agenturen sehr gut bewertet worden. Das ist nicht verwunderlich: Anstaltslast und Gewährträgerhaftung minimieren die Gläubigerrisiken; wo es zu Schieflagen gekommen ist, sind die öffentlichen Hände eingesprungen. Letztes Jahr hat Moody's die Bewertungskriterien verändert: das neue "Financial Strength Rating" zieht nur noch Ertragskraft und stille Reserven in Betracht[5]. Das hat zum "downgrading", zur signifikanten Abwertung der Landesbanken geführt. Die Gründe, die Moody's zu dieser Änderung bewogen haben, gelten als unklar.

e) Kürzlich hat die Stiftung Warentest die deutsche Versicherungswirtschaft einer kritischen Prüfung unterzogen. Dabei sind die Angebote einiger bekannter und reputierter Unternehmen mit dem Prädikat "mangelhaft" ausgezeichnet worden[6].

2. Zum Stand der Diskussion

Diese und andere Vorgänge haben nicht nur Unbehagen - vor allem bei den unmittelbar Betroffenen - sondern auch eine sich langsam intensivierende Diskussion ausgelöst[7]. Es wird als Problem empfunden, daß das Feld von einem engen Oligopol ausländischer Agenturen beherrscht wird. Anfang der neunziger Jahre sind Bemühungen gescheitert, eine deutsche Ratingagentur ins Leben zu rufen. Es ist zu hören, daß die deutsche Versicherungswirtschaft derzeit einen neuen Versuch unternimmt, dieses Ziel zu erreichen[8]. Aber auch die sich verschärfende Konkurrenz zwischen den

---

5 Dazu *M. Müller*, Umstrittene Zensuren, DIE ZEIT v. 9.5.1996, 15.

6 Finanztest 1/96, 14 ff.

7 Eingehende Beschreibung und Funktionsanalyse bei *Everling*, Credit Rating durch internationale Agenturen (1991) und neuerdings in: *Büschgen/Everling* (Hrsg.), Handbuch des Rating (1996). Erörterung der Rechtsfragen durch *Ebenroth/Daum*, WM 1992, 2 ff und durch *Ebenroth/Koos*, Rating im Recht der Finanzmärkte, in: *Büschgen/Everling* S. 483 ff; zu wichtigen rechtspolitischen Fragen vgl. *von Randow*, ZBB 1995, 140 ff (Neuabdruck in *Büschgen/Everling* S. 543 ff); zum Wettbewerb *von Randow*, ZBB 1996, 85 ff.

8 "Eine Rating-Agentur für Versicherungen geplant", FAZ vom 3.4.1996, S. 14.

Agenturen wird nicht nur als positiv empfunden: es ist die Rede von einem "race to the bottom" im Wettbewerb um Marktanteile, das die Neutralität und Sorgfalt der Beurteilung gefährde[9]. Vielfach beklagt wird die Macht der Ratingagenturen, die sich derzeit jeder Kontrolle entziehe und deshalb die Emittenten wie die Anleger gefährde[10]. Diese Einschätzung inspiriert massive rechtspolitische Forderungen: es bedürfe eines "Ratingwesengesetzes"; dieses müsse eine eigene Zulassungs- und Aufsichtsbehörde schaffen; zudem seien spezifische Haftungsvorschriften zu erlassen, da das geltende Recht keinen hinreichenden Schutz gewähre[11].

II. Entwicklung und Mechanismen des Rating

Bevor derartige Forderungen im Detail untersucht werden, empfiehlt es sich, einen Blick auf die Funktionsweise des Rating zu werfen[12]. Dabei sollte nicht übersehen werden, daß wir es mit einem wandelbaren Phänomen zu tun haben, das sich in den letzten Jahrzehnten zu einem multifunktionellen Bündel zunehmend komplexer Dienstleistungen entwickelt hat.

1. Rating als Kreditauskunft

Das Rating ist aus der Kreditauskunft hervorgegangen[13]: zunächst wurde allein die künftige Zahlungsfähigkeit von Kaufleuten bewertet. Aber schon im ersten Quartal dieses Jahrhunderts gingen die drei ältesten Agenturen - Moody's, Standard & Poor's und Fitch - dazu über, Effekten (insbesondere langfristige Schuldverschreibungen) in ihre Auskunftsdienste einzubeziehen. Die Ergebnisse wurden und werden in regelmäßig erscheinenden Druckwerken veröffentlicht, die von den daran Interessierten, vor allem von institutionellen Anlegern, bezogen werden können. In dieser Phase wurde das Rating ausschließlich von den Empfängern dieser Publikationen

---

9 Darüber berichtet *von Randow*, ZBB 1995, 145.

10 Dafür repräsentativ *Ebenroth/Daum*, aaO, S. 22.

11 *Ebenroth/Daum* aaO.

12 Das kann hier nur verkürzend geschehen. Eingehende Darstellungen finden sich bei *Everling*, bei *von Randow*, ZBB 1995, 142 ff und bei *Cantor/Packer*, The Credit Rating Industry, Federal Reserve Bank of New York Quarterly Review (Summer-Fall 1994) 1 ff.

13 Dazu und zum Folgenden *Everling*, aaO, S. 74 ff; *Cantor/Packer*, aaO, S. 1 ff.

bezahlt. Der Emittent war in aller Regel auch der Schuldner; deshalb war die Beurteilung eines Wertpapiers in aller Regel eine Bewertung der finanziellen Potenz des emittierenden Unternehmens. In dieser Zeit entstanden die bis heute üblichen Kürzel, deren Bedeutung in Anlage 1 erklärt wird.

2. Rating im Funktionswandel der Finanzmärkte

a) Im Laufe der letzten drei Jahrzehnte hat sich diese traditionelle Form des Rating stark verändert. Wichtigste Ursache ist ein grundlegender Funktionswandel der Finanzmärkte, der in den USA besonders deutlich zutage tritt: an die Stelle des durch Einlagen gedeckten Bankkredits tritt zunehmend die Finanzierung durch Emission und Vertrieb von verbrieften Forderungen; dieser Vorgang wird als "securitization" (Sekuritisierung) bezeichnet. Für das Rating erscheinen die folgenden Aspekte besonders wichtig:

aa) Es entstehen neue Finanzinstrumente, die sich als zunehmend komplex erweisen; das soll an drei Beispielen zumindest angedeutet werden:

(1) An die Stelle der traditionellen Industrie- oder Firmenkredite treten zunehmend Schuldscheindarlehen, die als "commercial paper" oder als "euronotes" bezeichnet werden. Das mit ihnen verknüpfte Risiko manifestiert sich 1970 in der Insolvenz der Penn Central-Eisenbahn: commercial paper im Nennwert von 82 Millionen $ erweist sich über Nacht als wertlos[14].

(2) Noch interessanter ist das Phänomen der mortgage-backed securities (MBS). Die durch Grundpfandrechte gesicherten Forderungen auf Rückzahlung von Wohnbaudarlehen bleiben nicht länger im Portefeuille der kreditgewährenden Banken; sie werden vielmehr an Spezialinstitute verkauft, die sie in großen Pools bündeln und anschließend handelbare Zertifikate emittieren, die einem bestimmten Anteil an dem jeweiligen Pool repräsentieren. Das Volumen des Marktes für diese MBS-Zertifikate ist in fünf Jahren - von 1989 bis 1994 - von 15 auf 100 Milliarden $ gewachsen[15].

(3) Das eigentliche Faszinosum sind die asset-backed securities (ABS); das gilt vor allem dort, wo sie auf Kreditkartenverbindlichkeiten beruhen.

---

14 *Cantor/Packer*, aaO, S. 4.
15 *Cantor/Packer*, aaO, S. 19.

Die Kreditkarte entwickelt sich zu einer besonders populären Form des kurzfristigen Verbraucherkredits[16]. Und die Kreditkartenunternehmen verfahren wie die Hypothekenbanken: sie veräußern ihre Forderungen an Finanzinstitutionen, die diese Ansprüche wiederum bündeln und verbriefte Anteilsrechte an einem ständig flukturierenden Bestand vertreiben.

bb) Die Expansion der Märkte für diese neuen Instrumente[17] wird nicht zuletzt durch die Nachfrage bestimmt. Erwerber sind vor allem instutitionelle Anleger, insbesondere Pensionsfonds und Versicherungen. Für sie sind die neuen Titel interessant, weil sie hohen Ertrag mit Liquidität, d.h. der Möglichkeit jederzeitiger Veräußerung verbinden.

cc) Andererseits wachsen die Risiken und damit die Informationsprobleme. Traditionelle Schuldverschreibungen werden von Großunternehmen oder von der öffentlichen Hand begeben; der jeweilige Schuldner ist dem Markt wenigstens einigermaßen bekannt. Commercial paper kann auch von mittleren oder kleinen Unternehmen emittiert werden, die sehr viel weniger Publizität genießen. Bei den MBS und den ABS übernehmen die Emittenten keine Haftung; und die individuellen Schuldner bleiben anonym. Deshalb beruht der Marktwert der Zertifikate auf der Zusammensetzung des Pools, genauer: auf dem Risikoprofil der einbezogenen Forderungen; darüber will der Erwerber zuverlässig unterrichtet werden. Und die Informationsprobleme nehmen zu, seit die Deregulierung der Finanzmärkte Vertrieb und Handel über die Grenzen hinweg ermöglicht: Sekuritisierung und Internationalisierung sind eng verflochten[18].

b) Die Rückwirkungen dieser Entwicklung auf das Rating sind vielfältig und intensiv:

aa) Zunächst ist evident, daß sich die erwähnten Informationsprobleme nicht mehr individuell lösen lassen: müßte sich jeder institutionelle Anleger selbst über die Bonität des aus commercial paper verpflichteten Unternehmens oder über das Risikoprofil von mortgage- oder asset-backed securities unterrichten, dann würden Ersterwerb und Handel dieser Titel mit erheblichen und vielfach prohibitiven Kosten belastet[19]. Das heißt: Rating erfüllt

16 Dazu *Sullivan/Warren/Westbrook*, As We Forgive Our Debtors - Bankruptcy and Consumer Credit in America (1989) 178 ff.

17 Der Markt für ABS wächst zwar weniger schnell als der für MBS, expandiert aber gleichwohl kontinuierlich; vgl. *Cantor/Packer* aaO.

18 Dazu *Everling*, aaO, S. 64 ff.

19 Dazu *Everling*, aaO, S. 203 ff; *Triantis*, J. of Legal Studies 21 (1992) 225 ff; *Gilson/Kraakman*, Virginia L. Rev. 70 (1984) 549, 592 ff; *von Randow* ZBB

eine wichtige Funktion: es bewirkt Markttransparenz, denn es informiert kostengünstig über das Risikoprofil zunehmend komplexer Finanzinstrumente und wird damit zur Bedingung ihrer Marktfähigkeit. Diese Einsicht erklärt die rasche Expansion des Ratinggeschäftes, das Interesse neuer Agenturen am Marktzutritt und den sich verschärfenden Wettbewerb zwischen den Anbietern dieser Dienstleistung.

bb) Zugleich sind freilich die Kosten für das Rating gestiegen: die hinlänglich genaue Erfassung des Risikoprofils der MBS und ABS verlangt komplizierte Prüfungsverfahren, die nur von Teams qualifizierter Experten angemessen durchgeführt werden können. Deshalb sind die Agenturen dazu übergegangen, sich von den Emittenten honorieren zu lassen. Heute ist anzunehmen, daß weniger als 10% der Einkünfte der Ratingagenturen von den Abonnenten, d.h. den Empfängern der Information, beigesteuert werden; mehr als 90% kommen von den Emittenten[20]. Das hat zur Folge, daß das Rating heute im Regelfall auf einer vertraglichen Bestellung durch den Emittenten beruht, der der von ihm beauftragten Agentur alle gewünschten Informationen, d.h. auch Einblick in Unterlagen gewährt, die nur ausgewählten Mitarbeitern des eigenen Hauses bekannt sind[21]. Unbestelltes ("unsolicited") Rating ist zur seltenen Ausnahme geworden; es wird zumindest dort als fragwürdig empfunden, wo es zum downgrading kleinerer Emittenten wie des erwähnten Jefferson County School Board führt.

cc) Mit der Vereinbarung des Rating ändert sich zudem seine Rolle im Emissionsverfahren: der Gütestempel wird erteilt, bevor mit der Emission begonnen wird. Vielfach ist das Rating Bedingung des Vertriebs: ohne Rating sind die Anleger nicht bereit, die Papiere abzunehmen. Diese Reihenfolge ist nicht zuletzt deshalb wichtig, weil das Rating nunmehr auch die Gegenleistung beeinflußt: für AAA ist weniger Zins zu entrichten als

---

1995, 142 ff; *Steiner/Heinke*, Rating aus Sicht der modernen Finanztheorie, in: *Büschgen/Everling*, aaO, S. 579 ff.

20 *Cantor/Packer*, aaO, S. 4 gehen noch von einem Verhältnis von 20% zu 80% aus; die im Text referierten Zahlen beruhen auf den übereinstimmenden Angaben von Ratingagenturen, Emittenten und institutionellen Anlegern.

21 In Gesprächen mit amerikanischen Emittenten wurde wiederholt betont, daß man den Ratingagenturen "alles" mitteile und zeige. Rückfragen bestätigten den Eindruck, daß dieses "Alles" wörtlich zu nehmen ist. Das Rating fällt niedriger aus, wenn die Mitarbeiter der Agentur den Eindruck gewinnen, daß ihnen Risikofaktoren verheimlicht werden.

für AA; mit jedem Abwärtsschritt auf der Rangleiter wachsen die Zinsbelastung und damit die Finanzierungskosten des Emittenten[22].

dd) Dieser Befund kann bedenklich stimmen. Wenn die Agentur vom Emittenten beauftragt und entlohnt wird, und wenn der Emittent an einem möglichst günstigen Rating interessiert ist, dann erscheinen Neutralität und Objektivität der Agentur gefährdet: kann und wird sie sich nicht Aufträge dadurch sichern, daß sie den Wünschen ihrer Auftraggeber entgegenkommt? Für den amerikanischen Markt wird das ausgeschlossen[23]. Adressat des Rating sind primär die institutionellen Anleger, die die zu begebenden Titel oder Zertifikate in ihr Portefeuille nehmen sollen. Mit ihnen werden häufig schon im Vorfeld der Emission Vereinbarungen getroffen; dazu gehört auch, daß ihnen die Auswahl der Ratingagentur überlassen wird. Es liegt auf der Hand, daß diese Erwerber an einer möglichst objektiven und wirklichkeitsnahen Bewertung interessiert sind; von ihr hängt der eigene Markterfolg ab. Deshalb wird die Leistung der Ratingagenturen von den Pensionsfonds und den Versicherungen aufmerksam beobachtet. Das heißt: der Erfolg der Ratingagenturen wird zunehmend durch ihre Reputation bestimmt; sie konkurrieren um das Vertrauen der institutionellen Anleger. Der bloße Verdacht, den Emittenten mit Gefälligkeitsgutachten entgegenzukommen, wird ihre Marktchancen auf längere Sicht erheblich beeinträchtigen. Der Reputationswettbewerb gegenüber den institutionellen Anlegern erweist sich als eine Instanz, die die Ratingagenturen wirksam zu beaufsichtigen und zu kontrollieren vermag.

3. Rating als Instrument der Wirtschaftsaufsicht

a) Dieses gewiß nicht besonders übersichtliche Bild, das das gewerbliche Kreditrating derzeit bietet, wird zusätzlich kompliziert durch den Umstand, daß die amerikanischen Behörden schon in den dreißiger Jahren damit begonnen haben, in wirtschaftsrechtlichen Normierungen auf das Rating Bezug zu nehmen[24]. Derartige Vorschriften finden sich in den Regelungen der Bank- und der Versicherungsaufsicht, des Kapitalmarkt- und des Arbeitsrechts[25]; einige der einschlägigen Bestimmungen sind in Anlage 3

22 *Everling*, aaO, S. 274 ff.

23 Dazu überzeugend *Cantor/Packer*, aaO, S. 4; *von Randow*, ZBB 1995, 146 ff.

24 Zur Geschichte siehe *Cantor/Parker*, aaO, S. 6 ff.

25 Eine Zusammenstellung der einzelnen Bestimmungen findet sich bei *Baron/Murch*, Statutory and Regulatory Uses of Ratings in The United States

aufgeführt. Ihnen liegt generell zugrunde die Unterscheidung von "investment grade securities" und "speculative securities"[26]. Die - im Detail sehr unterschiedlichen - Einzelregelungen betreffen vor allem zwei Probleme. Bei der Ermittlung des vorgeschriebenen Eigenkapitals geht es darum, wie Wertpapiere im Portefeuille der Finanzinstitutionen berücksichtigt werden dürfen; hier reicht die Spanne von Erwerbsverboten für hochspekulative Titel ("junk bonds")[27] bis zu Bewertungsregeln, die - in wiederum unterschiedlicher Weise - an das Rating anknüpfen. Der andere Regelungsansatz betrifft die Verwendung von Ratings im Emissionsprospekt. Die SEC gestattet den Emittenten den Bezug auf das Rating auch ohne die an sich erforderliche Zustimmung der Agentur; dafür wird diese von der Prospekthaftung befreit[28]. Die SEC prüft derzeit, ob den Emittenten dieser Hinweis nicht generell vorgeschrieben werden sollte[29].

b) Diese Regelungstechnik hat eine wichtige Konsequenz: in den Vorschriften muß angegeben werden, wessen Rating anerkannt wird. Die amerikanische Verordnungspraxis bedient sich dazu des Begriffs der "nationally recognized statistical rating organization" (NRSRO). Für diese Anerkennung ist die SEC zuständig. Drei Agenturen - Standard & Poor's, Moody's und Fitch - sind immer schon als NRSRO zugelassen worden, ohne daß es zu einer förmlichen Anerkennung gekommen wäre. Drei weiteren Agenturen - Duff & Phelps, Thomson BankWatch und IPCA - hat die SEC durch formlose no-action-letters bestätigt, daß sie als NRSROs anzusehen sind. Mittlerweile liegen der SEC eine Reihe von weiteren Zulassungsanträgen vor (eine Zusammenstellung der wichtigsten auf dem amerikanischen Markt tätigen Agenturen finden Sie in Anlage 2). Die SEC sieht sich nunmehr mit dem eingangs erwähnten Problem konfrontiert, Kriterien und Verfahren für die Anerkennung zu entwickeln. Ein Gespräch mit einer zuständigen Mitarbeiterin der SEC hat den Eindruck hinterlassen, daß eine Minimallösung angestrebt wird: Es sollen die Voraussetzungen der Anerkennung umschrieben werden; dagegen wird weder an einen Registrierungszwang noch an eine ständige Beaufsichtigung der NRSROs gedacht[30].

---

and Other Jurisdictions, Fitch Investors Service, Inc. (14.1.1993); im deutschen Schrifttum siehe vor allem *von Randow*, ZBB 1995, 151 ff.

26 *Cantor/Parker* aaO.

27 *Cantor/Parker*, aaO, S. 6 f.

28 Rule 436 (g) zum Securities Act von 1933; vgl. *Baron/Murch*, aaO, S. 2 f.

29 Securities and Exchange Commission, Release No. 33-7086 vom 31.8.1994, Fed. Reg. 59 No. 172 (7.9.1994) 46304 ff.

30 *von Randow*, ZBB 1995, 151.

III. Die aktuellen Regelungsprobleme des Rating

Nach dieser - gewiß vereinfachenden - Exploration des Umfeldes ist es höchste Zeit, sich den aktuellen Regelungsproblemen zuzuwenden, mit denen das Rating im Rahmen der deutschen Gegebenheiten konfrontiert ist.

1. Regulatorische Indientsnahme des Rating

An erster Stelle steht die Frage, ob und inwieweit wir dem amerikanischen Beispiel folgen sollten, das Rating zur Grundlage der Regelung von Finanzinstitutionen und Kapitalmärkten zu machen.

a) Gegen eine derartige regulatorische Indienstnahme des Rating sprechen vor allem drei Argumente:

aa) Sie verlangt - wie die amerikanische Praxis zeigt - eine verbindliche Regelung, aus der sich ergibt, welchen Organisationen der Status einer offiziell anerkannten Ratingagentur zukommt. Ohne diese Indienstnahme wäre eine solche Regelung verzichtbar: die amerikanische Erfahrung rechtfertigt die Annahme, daß die Ratingagenturen durch den Wettbewerb um die Gunst der institutionellen Anleger hinreichend diszipliniert werden. Es ist freilich nicht ganz eindeutig, inwieweit die Mechanik des amerikanischen Marktes den deutschen Gegebenheiten entspricht. Zweifel erweckt etwa die erwähnte Behandlung der Landesbanken durch zumindest eine der großen Agenturen: es ist unklar und streitig, inwieweit sich das "Financial Strength Rating" mit der Aufgabe, die Zahlungsfähigkeit der Landesbanken möglichst präzise zu prognostizieren, vereinbaren läßt. Dabei mag es sich um Anpassungsprozesse auf einem den amerikanischen Agenturen wenig vertrauten, aus ihrer Sicht unterentwickelten - vielleicht sogar exotischen - Markt handeln, der seine volle Funktionsfähigkeit erst zu gewinnen hat. Zudem ist nicht auszuschließen, daß Anstaltslast und Gewährträgerhaftung wohl spätere Zahlungen, nicht aber die rechtzeitige Befriedigung der Gläubiger einer notleidenden Landesbank zu gewährleisten vermag[31]. Festzuhalten bleibt in jedem Falle, daß "Regulierung durch Rating"[32] zusätzliche Regelungen verlangt.

---

31 Es hat nicht den Anschein, daß die Geschäfte der Landesbanken durch das Financial Strength Rating wesentlich beeinträchtigt worden sind.

32 Dazu *von Randow*, ZBB 1995, 151 f. m.w.N.

bb) Ein zweiter Einwand folgt aus der Notwendigkeit staatlicher Anerkennung oder Lizenzierung: von nun an ist es nicht mehr der Markt, sondern eine Behörde, die über die Qualifikation und den Rang der Agenturen entscheidet; daraus - so wird angenommen - resultieren Wettbewerbsverzerrungen zugunsten der staatlich anerkannten und zum Nachteil der übrigen Agenturen[33]. Es wird noch zu klären sein, inwieweit diesem Argument durch die Ausgestaltung des Anerkennungsverfahrens begegnet werden kann.

cc) Besonders gravierend ist die Befürchtung, daß Regulierung mittels Rating das Ratingverfahren verfälscht und seine Ergebnisse entwertet[34]. Wo das Rating der Information der institutionellen Anleger dient, ist zu erwarten, daß der Markt Gefälligkeitsatteste verhindert: im Regelfall wird die Agentur durch die Versicherungen oder Pensionsfonds ausgewählt, die bereit sind, die Papiere zu übernehmen. Das gilt nicht für das Rating gegenüber Behörden: hier steht es dem Emittenten frei, aus dem Kreis der staatlich anerkannten Agenturen diejenige auszusuchen, die besonderes Entgegenkommen erwarten läßt. Dieses Risiko wird beträchtlich gemildert, wo sich die staatliche Aufsicht auf ein Rating stützt, das durch einen oder mehrere institutionelle Anleger veranlaßt worden ist. Es ist auch nicht ersichtlich, daß solche Aufweichungserscheinungen empirisch festgestellt worden sind. Soweit die von unterschiedlichen Agenturen erteilten Ratings signifikant voneinander abweichen, werden diese Diskrepanzen durch andere Umstände, nicht zuletzt durch innovative Bewertungsverfahren, erklärt[35].

b) Umgekehrt gewinnen die Argumente an Gewicht, die für die ratingbezogene Regulierung von Finanzmärkten sprechen. Es ist davon auszugehen, daß die Rechtsordnung nicht umhin kann, Finanzanlagen nach ihrer Bonität zu unterscheiden; das geschieht bislang anhand der Kriterien, ob sie mündelsicher, lombard- oder deckungsstockfähig sind[36]. Das Beispiel des § 1807 BGB verdeutlicht die traditionelle Regelungstechnik: das Gesetz

---

33 So vor allem *von Randow*, ZBB 1995, 154 f.

34 So vor allem *McGuire*, Ratings in Regulation - A Petition to the Gorillas, International Institute for Securities Market Development (Washington, 28.4.1995) 9 f.; ähnlich *von Randow*, ZBB 1995, 155. *Thomas J. McGuire* ist Executive Vice President und Director des Corporate Department von Moody's.

35 *Cantor/Parker*, aaO, S. 9 ff.

36 Dazu *von Randow*, ZBB 1995, 151 f. m.w.N.

legt definitiv fest, welchen Forderungstiteln die besondere Qualität der Mündelsicherheit zuerkannt wird. Angesichts der Ausdifferenzierung und der Internationalisierung der Finanzmärkte erscheint dieser Katalog zunehmend restriktiv: zum Nachteil des Mündels schließt er zahlreiche Anlagemöglichkeiten aus, die bei vergleichbarer Sicherheit wesentlich höhere Renditen bieten; damit wird zugleich die Allokationseffizienz der Märkte beeinträchtigt. Das ist eine Folge nicht nur des Inhalts der jeweiligen Norm, sondern des Regelungsverfahrens: die Gesetzgebung ist schlechterdings nicht in der Lage, durch ständige Novellierungen einem Markt zu folgen, der mit wachsender Geschwindigkeit immer neue Anlagetitel generiert. Die amerikanische Praxis illustriert die zeitgemäße Reaktion des regulatorischen Vorgehens: es ist nicht länger der Staat, der die Bonität von Vermögensanlagen bestimmt; er überläßt diese Kategorisierung einem spezialisierten Markt, für den allenfalls einige Randbedingungen festzulegen sind. Die derzeit verfügbaren Erfahrungen legen den Schluß nahe, daß sich dieser Ansatz als überlegen erweisen wird[37]. Für Europa bietet er den zusätzlichen Vorteil, daß er die weitere Integration der Märkte zu fördern verspricht.

c) Schließlich sollte nicht übersehen werden, daß die Weichen bereits in diese Richtung gestellt sind; das gilt zumindest für die Bankaufsicht. Die Solvabilitätsrichtlinie der EG hat den Begriff der "qualifizierten Aktiva" eingeführt, die die Eigenkapitalanforderungen reduzieren[38], weil sie wegen der Solvenz des Emittenten mit einem geringen Ausfallrisiko behaftet sind. Nach Art. 2 Ziff. 12 der Kapitaladäquanzrichtlinie kann sich diese Qualifikation aus der Einstufung des Ausfallrisikos durch "von den zuständigen Behörden anerkannte(n) Ratingagenturen" ergeben[39]. Zudem hat der Basler Ausschuß, der sich seit den siebziger Jahren mit der Harmonisierung der Bankaufsicht befaßt, im Januar dieses Jahres ergänzende Vorschläge zur Erfassung des Marktrisikos unterbreitet; zur Erfassung des "spezifischen Risikos" sehen sie eine Kategorie der "qualifying securities" vor; eine unter mehreren Möglichkeiten der Qualifikation besteht darin, daß die Papiere von zwei Ratingagenturen, die von den zuständigen staatlichen Instanzen

---

37 So wohl auch *Ebenroth/Daum*, aaO, S. 23.

38 Richtlinie des Rates über einen Solvabilitätskoeffizienten für Kreditinstitute (Solvabilitätsrichtlinie) vom 18.12.1989, ABl. Nr. L 384/14.

39 Richtlinie des Rates über die angemessene Eigenkapitalausstattung von Wertpapierfirmen und Kreditinstituten (Kapitaladäquanzrichtlinie) vom 15.3.1993, ABl. EG Nr. L 141/1.

anerkannt worden sind, das Prädikat "investment grade" erhalten[40]. Es bleibt abzuwarten, ob sich auch die Versicherungs- und die Kapitalmarktaufsicht künftig auf Ratings beziehen werden.

d) Schließlich ist - wiederum in der gebotenen Kürze - daran zu erinnern, daß sich der Hinweis auf Ratings auch für die Rechtsprechung als sinnvoll erweisen kann; das läßt sich insbesondere mit den Entscheidungen belegen, die zu den Anleihen der australischen Bond Corporation ergangen sind[41].

2. Staatliche Anerkennung und Überwachung der Ratingagenturen

a) Mit der Umsetzung der Kapitaladäquanzrichtlinie und der Übernahme der Basler Empfehlungen in die Grundsätze der Bankaufsicht wird es unerläßlich, daß das Bundesaufsichtsamt für das Kreditwesen entscheidet, welche Ratingagenturen im Sinne der erwähnten Bestimmungen "anerkannt" werden sollen. Damit sieht sich das Amt mit eben den Fragen konfrontiert, die derzeit die SEC beschäftigen. Diese befürchtet zu Recht, daß überhöhte Anforderungen an die newcomer das bestehende Oligopol der etablierten Agenturen verfestigen würde. Deshalb ist offenbar vorgesehen, die bisherige Praxis fortzusetzen[42]. Das würde bedeuten, daß eine Ratingagentur immer dann in den Rang einer NRSRO erhoben wird, wenn es ihr gelungen ist, sich im Ratingmarkt einen Platz zu sichern. Dieses Verfahren empfiehlt sich nicht zuletzt deshalb, weil es die Entstehung von Ratingagenturen verhindern wird, die sich darauf kaprizieren, die Qualität des "investment grade" für die jeweils zuständige Aufsichtsinstanz zu bestätigen. Die staatliche Aufsicht sollte das Rating nur solcher Agenturen verwerten, die primär für die institutionellen Anleger tätig sind und deren Anerkennung gefunden haben; dieser Markt bietet derzeit die beste Gewähr, daß die Spreu vom Weizen geschieden wird. Das heißt: für die deutsche Bankaufsicht wird es sich empfehlen, der amerikanischen Praxis zu folgen. Soweit es um die international tätigen Agenturen geht, wird sie sich auf die Anerkennung durch die SEC stützen können. Wenn es doch noch zu einer deutschen Ratingagentur kommen sollte, müßte sie vom Bundesaufsichtsamt unmittelbar anerkannt werden.

---

40 Basle Committee on Banking Supervision, Amendment to the Capital Accord to Incorporate Market Risks (Jan. 1996) S. 10.

41 Vgl. oben zu Fn 30.

42 BGHZ 65, 325, 334.

b) Darüber hinaus wird die ständige staatliche Überwachung der Ratingagenturen verlangt; es soll - wie erwähnt - eigens dafür eine Aufsichtsinstanz geschaffen werden[43]. Derartige Forderungen werden inspiriert durch ein vielfach spürbares Unbehagen, das sich im Schlagwort von der "Macht der Ratingagenturen" manifestiert. Es ist gewiß nicht zu bestreiten, daß das Rating die Finanzmärkte und die auf ihnen konkurrierenden Akteure in mehrfacher Weise betrifft: die konkrete Bewertung beeinflußt in jedem Fall die Kapitalkosten[44] und möglicherweise zudem die Behandlung durch die Aufsichtsinstanzen. Aber: wenn das Machtausübung ist, sind ihre Adressaten in der Regel alles andere als machtlos: die Emittenten, die sich falsch bewertet fühlen, seien es Versicherungen, öffentlich-rechtliche oder private Banken, können sich in vielfältiger Weise öffentlich zur Wehr setzen. Noch wichtiger ist der Befund, daß die Ratingagenturen nicht nach Belieben verfahren können; ihr Handlungsspielraum wird - wie dargelegt[45] - durch den Wettbewerb um das Vertrauen der institutionellen Anleger eng begrenzt. Um auf ein Beispiel zurückzukommen: das von Moody's gegenüber den Landesbanken praktizierte "Financial Strenght Rating" mag Probleme aufwerfen. Über die einschlägigen methodischen Fragen sollten aber die Destinatäre der Information, vor allem die institutionellen Anleger, und nicht eine Verwaltungsbehörde entscheiden.

3. Haftung für Rating?

a) Die bislang gründlichste Untersuchung der Haftungsfolgen, die durch Rating ausgelöst werden können, kommt zu dem Schluß, daß sich das geltende Recht als unzulänglich erweist und auch deshalb ein "Ratingwesengesetz" zu schaffen sei[46]. Dieses Postulat wird mit der Annahme begründet, daß die Ratingagenturen "fahrlässig falsche Ratings veröffentlichen, d.h. Ratings, die die tatsächliche Wahrscheinlichkeit der Rückzahlung des Papiers nicht richtig einschätzen"[47]. Dieser Ansatz ist fragwürdig:

aa) Ratings, die Schuldtitel mit Prädikaten wie "AA" oder "C" versehen, sind generalisierte Prognosen, "standardisierte Einschätzungen der

---

43 So *Ebenroth/Daum*, aaO, S. 22; vgl. schon oben zu Fn. 11.
44 Vgl. oben zu II.2.b.cc).
45 Vgl. oben zu II.2.b.dd).
46 *Ebenroth/Daum*, aaO, S. 22.
47 AaO S. 21.

Wahrscheinlichkeit versprechensgemäßer Erfüllung von Zins- und Tilgungsverpflichtungen..."[48]. Solche Prognosen können sich später als richtig oder falsch erweisen. Für ihre rechtliche Beurteilung ist indessen auf den Zeitpunkt der Abgabe und nicht den des Eintritts oder Nichteintritts der prognostizierten Ereignisse abzustellen; andernfalls würde der Prognose die Verbindlichkeit einer Garantie des vorhergesagten Erfolgs beigemessen. Deshalb sind Prognosen keine Tatsachenbehauptungen, sondern Bewertungen oder Meinungsäußerungen, die die Rechtsordnung nicht nach dem Begriffspaar "richtig" oder "falsch" beurteilen darf. Meinungsäußerungen betreffen Fragen, zu denen man unterschiedlicher Meinung sein kann und darf. Gerichtsurteile, die Meinungen als unrichtig qualifizieren und sanktionieren, sind staatlicher Meinungsoktroi und mit Art. 5 Abs. 1 Satz 1 GG unvereinbar.

bb) Rating ähnelt einem Warentest, der Finanzdienstleistungen - etwa der Versicherungen - mit den pauschalierenden Werturteilen "gut", "zufriedenstellend" oder "mangelhaft" versieht[49]. Diese werden von der höchstrichterlichen Rechtsprechung zurecht nicht als Tatsachenbehauptungen, sondern als Meinungsäußerungen behandelt, die der richterlichen Überprüfung auf ihre inhaltliche Richtigkeit grundsätzlich entzogen sind[50]. Gewerbekritik in der Form des Warentests wird freilich den Bedingungen der Neutralität, Objektivität und Sachkunde unterworfen[51]. Das ist nicht zu beanstanden, soweit über Veröffentlichungen der vom Staat initiierten und subventionierten Stiftung Warentest zu befinden ist; es dürfte aber mit dem Grundrecht der Meinungsfreiheit kaum zu vereinbaren sein, gewerbekritische Äußerungen schon dann zu verbieten, wenn sie nicht neutral, objektiv und sachkundig sind[52]. Wer indessen sein Publikum dadurch täuscht, daß er Neutralität, Objektivität und Sachkunde vorspiegelt, kann aus diesem Grund wegen der Verbreitung unrichtiger Tatsachenbehauptungen haften[53].

---

48 So die an Formulierungen der SEC angelehnte Definition durch *von Randow*, ZBB 1995, 140. Insoweit übereinstimmend *Ebenroth/Daum*, aaO, S. 3: "Ein Rating kann definiert werden als eine durch bestimmte Symbole ausgedrückte Meinung" über die Bonität eines Finanztitels und/oder eines Emittenten.

49 Vgl. oben zu I.1.e).

50 BGHZ 65, 325, 328 ff unter Berufung auf BGHZ 45, 296, 308.

51 BGHZ 65, 325, 334.

52 *Assmann/Kübler*, Staatliche Verbraucherinformation im Ordnungsgefüge des Privatrechts (1981) 55 ff.

53 *Assmann/Kübler*, aaO, S. 60 f.

cc) Unrichtige Tatsachenbehauptungen sind zudem dort anzunehmen, wo über die standardisierte Bewertung hinaus die spezifische Ausgestaltung, die Konditionen eines bestimmten Finanzinstruments unzutreffend dargestellt werden. Auch dieser Sachverhalt begründet für sich noch keine Rechtsfolgen; darauf ist sogleich zurückzukommen.

b) Die Erörterung der Haftung wird dadurch kompliziert, daß die gegen die Ratingagentur in Betracht zu ziehenden Ansprüche in doppelter Weise zu unterscheiden sind: den Ansprüchen der Emittenten, die sich durch eine zu negative Beurteilung geschädigt fühlen, stehen die Anleger gegenüber, die einem Rating vertraut haben, das sich ex post als zu optimistisch erweist; zudem können sich beide Gruppen auf vertragliche wie auf außervertragliche Haftungstatbestände berufen.

aa) Die Anleger, die die periodisch erscheinenden Informationsdienste der Ratingagenturen beziehen, sind grundsätzlich in der Lage, ihre Ansprüche auf den Abonnementvertrag zu stützen. Die bloße Entwertung des Finanzinstruments vermag aber auch dort keine Haftung auszulösen, wo ein positives Rating erteilt worden war; eine standardisierte Solvenzprognose ist - wie dargelegt - keine Garantie. Ersatzansprüche kämen nur dann in Betracht, wenn die Bewertung absichtlich falsch - etwa zur Begünstigung eines Emittenten - oder ohne jede Prüfung der Umstände - d.h. willkürlich - erteilt worden ist; es ist wenig wahrscheinlich, daß der klagende Anleger das nachweisen kann. Schwieriger ist der erwähnte Fall, daß die Ratingagentur über die spezifischen Merkmale einer verbrieften Forderung informieren möchte und ihr dabei ein die Anleger irreführender Fehler unterläuft. Die amerikanische Rechtsprechung verweigert hier Ansprüche auch dann, wenn der Agentur Fahrlässigkeit vorzuwerfen ist; das wird vor allem mit der nicht absehbaren Zahl potentieller Klagen, aber auch mit dem Zeitdruck begründet, unter dem jede Form der aktuellen Berichterstattung zu operieren hat[54]. Dieses Ergebnis dürfte auch dem deutschen Recht entsprechen: der Bundesgerichtshof hat es zurecht abgelehnt, technische Versehen, wie etwa Druckfehler, als Sachmangel oder unerlaubte Handlung

54 So vor allem First Equity Corporation of Florida, Robert Cornfeld and Floyd Watkins v. Standard & Poor's Corp., 670 F. Supp. 115 (S. D. N. Y. 1987); 690 F. Supp. 256 (S.D.N.Y. 1988), 869 F. 2d175 (2d Cir. 1989); dazu *Husisian*, What Standard of Care Should Govern the World's Shortest Editorials?: An Analysis of Bond Rating Agency Liability, Cornell L. Rev. 75 (1990) 411 ff.

zu qualifizieren[55]. In Ausnahmefällen wurde die sorgfältige oder fehlerfreie Unterrichtung als zugesicherte Eigenschaft[56] oder als Gegenstand eines durch den Kauf eines Informationsdienstes implizierten Beratungsvertrages[57] behandelt. Gegenüber den Ratingagenturen sind diese Konstruktionen nicht möglich, da sie ausdrücklich jede Verantwortung für unrichtige Tatsachenmitteilungen ausschließen[58].

Derartige Klauseln konkretisieren Inhalt und Umfang der versprochenen Leistung; es besteht deshalb kein Anlaß, sie gemäß § 9 AGBG zu beanstanden[59].

bb) Für die - individuellen oder institutionellen - Anleger, die in keiner Vertragsbeziehung zur Ratingagentur stehen, ist dem Gesagten nur anzufügen, daß sie jedenfalls nicht besser zu behandeln sind als die Abonnenten; auch für sie muß die Definition des Leistungsangebots durch die Agenturen maßgeblich sein. Damit erübrigt sich die Erörterung der sehr kontroversen Frage, welche Anspruchsgrundlagen in Betracht zu ziehen wären[60].

cc) Der Emittent, der eine oder mehrere Agenturen mit der Bewertung eines Titels beauftragt und anschließend das vereinbarte Honorar entrichtet, ist gewiß an einer möglichst positiven Einstufung interessierrt. Das ist aber nicht Inhalt des Vertrages; nach Sinn und Zweck des Rating verspricht die Agentur eine objektive und neutrale Beurteilung. Häufig wird vereinbart, daß die Weitergabe von der Zustimmung des Emittenten abhängen soll[61]; nur in diesem Fall ist die Agentur an der Veröffentlichung gehindert. Inso-

---

55 BGH NJW 1970, 1963 = JZ 1970, 63 m. Anm. *Deutsch*; dazu auch *Röhl* JZ 1979, 369 ff und *Ebenroth/Daum*, aaO, S. 11 ff.

56 So BGH NJW 1973, 843 ("Nottestamentmappe").

57 BGHZ 70, 356, 360 ff ("Börseninformationsdienst").

58 Standard & Poor's CreditWeek International verwendet die folgende Formel: "Information has been obtained by CreditWeek International from sources believed to be reliable. However, because of the possibility of human or mechanical error by our sources, CreditWeek International or others, CreditWeek International does not guarantee the accuracy, adequacy, or completeness of any information and is not responsible for any errors or omissions or for the results obtained from the use of such information".

59 Anders *Ebenroth/Daum*, aaO, S. 10 f.

60 Dazu *Ebenroth/Daum*, aaO, S. 13 ff m.w.N.

61 Standard & Poor's verwendet in seinen (nicht formularmäßigen) Engagement Letters folgende Klausel: "The initial rating analysis is undertaken at the request of XY AG and the resulting rating will be publicly disseminated only with your permission (except public issues in the US market, which S&P generally rates). Once you grant permission, S&P reserves the right to inform its own clients, subscribers and the public of the rating".

weit ist kein Raum für eine Haftung der Agentur. Wichtiger ist der Umstand, daß die mit dem Rating beauftragten Mitarbeiter der Agentur in erheblichem Umfang über unveröffentlichte und vertrauliche Interna des Emittenten unterrichtet werden. Der Mißbrauch dieser Information kann nicht nur gegen die Insidergesetze verstoßen; er ist zugleich eine Verletzung des Vertrages, der den Emittenten mit der Ratingagentur verbindet. Mit anderen Worten: Compliance zählt zu den Grundlagen des Ratinggeschäftes; sie wird nicht nur der Allgemeinheit, sondern auch jedem Auftraggeber geschuldet[62].

dd) Schwieriger zu beurteilen ist das "unsolicited rating", das heißt die Bewertung, der kein Auftrag des Emittenten zugrundeliegt. Sie ist vielfach schon deshalb fragwürdig, weil sie auf einer wesentlich schmaleren Informationsbasis beruht: ohne Auftrag hat die Agentur keine Chance auf Unterrichtung durch den Emittenten. Das allein ist freilich kein Grund, sie zu verbieten oder mit Sanktionen zu bedrohen: es muß erlaubt bleiben, Meinungen über öffentlich angebotene Effekten zu verbreiten; zudem kann auch ein unbestelltes Rating zur Markttransparenz beitragen. Es sollte freilich nicht als Druckmittel zur Akquisition von Aufträgen mißbraucht werden. Jeder Versuch, Emittenten mit absichtlichen Schlechtbewertungen zu erpressen, läßt sich unschwer unter § 826 BGB subsumieren; es dürfte sich aber als schwierig erweisen, der Agentur den Schädigungsvorsatz nachzuweisen. Deshalb ist auch die eingangs erwähnte Klage des Jefferson County School Board abgewiesen worden[63]. Eine weitergehende Haftung gemäß § 1 UWG kommt schon deshalb nicht in Betracht, weil Ratingagentur und Emittent nicht miteinander konkurrieren, ein Handeln zu Zwecken des Wettbewerbs mithin nicht gegeben ist[64].

---

62 Daß Verstöße bislang nicht bekannt geworden sind, könnte (wiederum) an der durch den Markt auferlegten Disziplin liegen: eine Ratingagentur, die nicht mehr in der Lage ist, Vertraulichkeit zu gewährleisten, hat ihre Repution nicht nur bei den Emittenten, sondern auch bei den institutionellen Anlegern verloren.

63 *von Randow*, ZBB 1996, 86.

64 Anders *von Randow*, ZBB 1996, 87 ff Die Frage, "ob auftraglose Ratings als kreditkritische Äußerungen ein abstraktes Nötigungspotential aufweisen, das auf Seiten der Agentur eine wettbewerbliche Befangenheit begründet" (S. 90) wird von ihm bejaht; und daraus soll folgen, "daß dem auftraglosen Rating ein Maß potentieller Befangenheit eignet, welches ausnahmsweise die Anwendung lauterkeitsrechtlicher Maßstäbe verlangt" (S. 91). Diese Argumentation ist schon deshalb nicht einleuchtend, weil das Rating traditionell "auftraglos" ist, d.h. für die Investoren publiziert wird (vgl. oben zu II.1.). Es ist eine gewerbekritische Äußerung, die durch Art. 5 GG legitimiert wird. Nach der ständi-

c) Zusammenfassend ist festzustellen, daß das Rating nach geltendem Recht allenfalls in Fällen evidenten Mißbrauchs die Haftung der Agentur auslösen wird. Das ist kein Grund, nach dem Gesetzgeber zu rufen. Rating ist eine zunehmend anpruchsvolle Dienstleistung; über die Validität der bislang praktizierten wie der noch zu entwickelnden Bewertungsmethoden sollten die Emittenten und die institutionellen Anleger entscheiden. Haftungsregeln, die auf den Erfolg der Prognose abstellen, müßten das Rating mit schwer absehbaren Risiken belasten und seinen Gebrauch entsprechend beschränken. Es gibt keinen Anlaß zu der Annahme, daß dieses zunehmend wichtige Medium der Markttransparenz durch legislatorische oder judizielle Interventionen zu verbessern ist; es würde vermutlich nur weniger aussagekräftig und zugleich teurer werden. Vor allem aber wäre zu befürchten, daß es deutschen Emittenten erschwert würde, ihre Produkte bei institutionellen Anlegern im Ausland zu plazieren[65]. Im internationalen Vergleich ist der deutsche Kapitalmarkt nach wie vor ein zartes Pflänzchen; es ist nicht zu empfehlen, sein Wachstum durch verzichtbare Regulierung zu behindern.

---

gen und wohlbegründeten höchstrichterlichen Rechtsprechung werden solche Meinungsäußerungen in periodischen Druckwerken nicht deshalb zu am Lauterkeitsrecht zu messenden Wettbewerbshandlungen, weil für ihre Publikation auch die Absicht maßgeblich ist, durch interessante Beiträge die eigene Auflage zu steigern. Im publizistischen Bereich gilt dies selbst dann, wenn es sich bei dem kritischen Produkt um ein konkurrierendes Blatt handelt; vgl. nur BGHZ 45, 296, 301 ff ("Höllenfeuer").

65 Daran besteht wachsendes Interesse; für den Immobiliarkredit vgl. *Bühler/Hies/Zimmermann*, Liquidität für den deutschen Pfandbrief (1996), 75 ff und 91 ff.

Anlage 1: Long-Term Senior Debt Rating Symbols

Investment Grade Ratings

S&P and others	Moody's	Interpretation
AAA	Aaa	Highest quality
AA+ AA AA-	Aa1 Aa2 Aa3	High Quality
A+ A A-	A1 A2 A3	Strong payment capacity
BBB+ BBB BBB-	Baa1 Baa2 Baa3	Adequate payment capacity

Speculative Grade Ratings

S&P and others	Moody's	Interpretation
BB+ BB BB-	Ba1 Ba2 Ba3	Likely to fulfill obligations; ongoing uncertainty
B+ B B-	B1 B2 B3	High risk obligations
CCC+ CCC CCC-	Caa	Current vulnerability to default, or in default (Moody's)
C D	Ca D	In bankruptcy or default, or other marked shortcoming

Anlage 2: Selected Bond Rating Agencies

Year Ratings First Published	Credit Rating Agency	Home Country	Year of SEC Designation	Employ-ees	Ownership	Principal Rating Areas
1909	Moody's Investors Service (Moody's)	U.S.	1975	674	Dun and Bradstreet	Full Service
1922	Fitch Investors Service ("Fitch")	U.S.	1975	200+	Independent	Full Service
1923	Standard and Poor's Corporation ("S&P")	U.S.	1975	700-	McGraw-Hill	Full Service
1972	Canadian Bond Rating Service ("CBRS")	Canada	N.A.	26	Independent	Full Service (Canada)
1974	Thomson BankWatch ("Thom")	U.S.	1991	40	Thomson Company	Financial institutions
1975	Japanese Bond Rating Institute ("JBRI")	Japan	N.A.	91	Japan Economic Journal (Nikkei)	Full service (Japan)
1977	Dominion Bond Rating Service ("DBRS")	Canada	N.A.	20	Independent	Full service (Canada)
1978	IBCA, Ltd. ("IBCA")	U.K.	1990	50	Independent	Financial institutions
1980	Duff and Phelps Credit Rating Co. ("Duff")	U.S.	1982	160	Duff and Phelps Corp.	Full service
1985	Japanese Credit Rating Agency ("JCRA")	Japan	N.A.	61	Financial Institutions	Full service (Japan)
1985	Nippon Investor Service Inc. ("NIS")	Japan	N.A.	70	Financial Institutions	Full service (Japan)
1975	McCarthy, Crisanti, and Maffei ("MCM") (no longer in operation)	U.S.	1983	N.A.	Acquired by Duff and Phelps in 1991	Full service (U.S.)

Anlage 3: Selected Uses of Ratings in Regulations

Year Adopted	Ratings-Dependent Regulation	Minimum Rating	How Many Ratings	Regulator/Regulation
1931	Required banks to mark-to-market lower rated bonds	BBB	2	OCC and Federal Reserve examination rules
1936	Prohibited banks from purchasing "speculative securities"	BBB	Unspecified	OCC, FDIC, and Federal Reserve joint statement
1951	Imposed higher capital haircuts and broker/dealers below-investment-grade bonds	BBB	2	SEC amendment to Rule 15c3-1: the uniform net capital rule
1982	Eased disclosure requirements for investment grade bonds	BBB	1	SEC adoption of Integrated Disclosure System (Release # 6883)
1984	Eased issuance of nonagency mortgage-backed securities (MBSs)	AA	1	Congressional promulgation of the Secondary Mortgage Market Enhancement Act of 1984
1987	Permitted margin lending against MBSs and (later) foreign bonds	AA	1	Federal Reserve Regulation T
1989	Allowed pension funds to invest in high-rated asset-backed securities	A	1	Department of Labor relaxation of ERISA Restriction (PTE 89-88)
1989	Prohibited S&Ls from investing in below-investment-grade bonds	BBB	1	Congressional promulgation of the Financial Institution Recovery and Reform Act of 1989
1991	Required money market mutual funds to limit holdings of low-rated paper	A1*	1**	SEC amendment Rule 2a-7 under the Investment Company Act of 1940
1992	Exempted issuers of certain asset-backed securities from registration as a mutual fund	BBB	1	SEC adoption of Rule 3a-7 under the Investment Company Act of 1940
1994 Proposal	Would impose varying capital charges on banks' and S&Ls' holdings of different tranches of asset-backed securities	AAA & BBB	1	Federal Reserve, OCC, FDIC, OTS Proposed Rule on Recourse and Direct Credit Substitutes

* Highest ratings on short-term debt, generally implying an A-long-term debt rating or better.
** If issue as rated by only ond NRSRO, its rating is adequate; otherwise two ratings are required.

Alternative Ansätze zur Erteilung von Ratings

Professor *Dr. Reinhart Schmidt*
Martin-Luther-Universität Halle-Wittenberg

Inhaltsübersicht

I. Einleitung

Neue Ideen und Verfahrensweisen kommen im Bereich der Wirtschaftswissenschaft oft aus der betrieblichen Praxis, und sie werden erst dann von der Wissenschaft analysiert und gegebenenfalls verbessert. Diese Feststellung gilt auch für das hier zu behandelnde Gebiet des Rating, dem die erste deutschsprachige Buchveröffentlichung erst 1991 gewidmet worden ist[1], das erst 1995 unter einem eigenen Stichwort in ein Handwörterbuch aufgenommen wurde[2] und über das erst 1996 ein umfassendes Handbuch erschienen ist[3].

Die Bedeutung von Ratings hat in der deutschen Praxis des Finanzwesens in den letzten Jahren stark zugenommen. Daß sowohl Emittenten als auch Emissionen Ratings von Ratingagenturen erhalten, wird heute als nicht unbedeutendes Element im weltweiten Wettbewerb der Finanzplätze angesehen. So wurde schon Ende der achtziger Jahre in der Presse kommentiert, die Aufwertung des Finanzplatzes Deutschland erfordere ein eigenes Ratingsystem. Der Versuch der Einrichtung einer solchen Institution schlug leider fehl.

Ratings spielen nicht nur bei Emittenten und institutionellen Investoren eine immer stärkere Rolle, sondern auch bei den privaten Anlegern. So widmet die Veba AG in ihrem Zwischenbericht des ersten Quartals 1996 dem Rating einen eigenen kleinen Abschnitt, überschrieben durch: "Ratings unterstreichen hohe Finanzkraft"[4]. Hier stellt sich sofort das Problem, welche Bedeutung herkömmliche Ratings von Moody's und Standard & Poor's für einen *privaten* Aktienanleger haben können und sollen. So bringen auch Börsendienste und Wirtschaftszeitschriften Artikel über Ratings[5]. Und Banken klären die privaten Anleger über Ratings auf[6], sie beziehen Ratings in die Risikoaufklärung bei der Anlageberatung ein.

Es geht aber nicht nur um Ratings von Emittenten und Emissionen. Vielmehr werden auch Produkte von Finanzdienstleistern mit Ratings versehen. Hier sei nur auf das Rating von Versicherungen in den USA verwiesen[7]. Inzwischen publizieren auch deutsche Publikums-Finanzzeitschriften entsprechende Ratings von allerdings einfacherer Struktur[8].

Und noch darüber hinaus ist für die ganze Wirtschaft und Gesellschaft festzustellen, daß Dienstleistungen, die man als "Assurance Services" bezeichnet, immer mehr zunehmen[9]. Darunter versteht man von Fachleuten

---

1 *Everling* (1991).
2 *Everling* (1995).
3 *Büschgen/Everling* (1996).
4 Veba AG (1996).
5 Vgl. Effecten-Spiegel, Heft 20/1996, und DM-extra "Ihr Geld '97", S. 40.
6 So etwa die Schweizerische Bankgesellschaft.
7 Führend ist hier die Ratingagentur Best in den USA.
8 So Capital und Finanztest.
9 Vgl. *Kubin* (1996).

durchgeführte Prüfungen, die im Hinblick auf eine gegebene Problemstellung zu einem Bestätigungsvermerk oder einer Bescheinigung führen. Durch die Begriffe "Bestätigungsvermerk" und "Bescheinigung" soll deutlich werden, daß der abschließenden Beurteilung als Endergebnis der Dienstleistung auch *rechts*systematisch eine unterschiedliche Qualität gegeben werden kann. Die Problemstellung für die Beurteilung kann dabei mehr oder weniger weit bzw. eng vorgegeben sein. Bei dem Bestätigungsvermerk eines aktienrechtlichen Abschlußprüfers handelt es sich beispielsweise um eine vergleichsweise weite, bei der Bestätigung einer Mittelverwendung um eine vergleichsweise enge Problemstellung.

Eine *weite Sichtweise von Ratings* - also hinausgehend über Emittenten und Emissionsrating - erscheint gerade für die Rechtswissenschaft von Bedeutung, weil vom Prinzip gleiche Vorgehensweisen auch gemeinsame Rechtsgestaltungen erfordern - in welcher institutionellen und prozessualen Ausgestaltung dies auch immer geschehen mag.

Im folgenden soll eine Beschränkung auf Ratings im Finanzbereich vorgenommen werden. Dies beinhaltet aber immer noch einen weiteren Anwendungsbereich als den des Rating von Emittenten und Emissionen, weil eben auch andere Finanzdienstleistungen als Produkte mit angesprochen sind. So hat die Zeitschrift Capital erstmals ein *kombiniertes Unternehmens- und Produkt-Rating für Lebensversicherungen* veröffentlicht[10]. Und es verwundert nicht, wenn die Lebensversicherer mit den besten Noten dieses Rating als Wettbewerbsinstrument einsetzen[11].

Ziel des Beitrages ist es, Ratings aus betriebswirtschaftlicher Sicht in einer von den konkreten Rating-Objekten abstrahierenden Weise zu analysieren und daraus Konsequenzen für die Gestaltung zu ziehen sowie auch Leitlinien für die Erstellung von Ratings abzuleiten. Denn der Bereich der Ratingagenturen hat sich in einer Weise entwickelt, daß sich die *Frage nach Grundsätzen ordnungsmäßiger Erteilung von Ratings* stellt und beantwortet werden muß.

---

10 Vgl. Capital, Heft 7/1996.

11 Vgl. etwa den Bericht über die Hannoversche Leben bei *o.V.* (1996b): Der "Mercedes" setzt auf Rating-Kultur.

II. Objekte, Adressaten und Ersteller von Ratings im Finanzbereich

1. Begriffsabgrenzungen zum Rating

Ratingdefinitionen bereiten der Literatur durchaus Schwierigkeiten. So definiert Everling: "Ein Rating kann allgemein als ein Verfahren zur Einschätzung bzw. Beurteilung von Personen, Gegenständen oder Situationen mit Hilfe von Skalen definiert werden.[12]" Man fragt hier nach dem Zutreffen der Definition für das Rating von *Wertpapieren*. Und im "Kleinen Banklexikon"[13] (Auflage von 1992) wird Rating mit Ranking gleichgesetzt.

Allgemein versteht man unter Rating die *Zuweisung eines Objekts zu einer Güteklasse in Form eines Symbols oder einer Symbolkette.* Die Symbole müssen dabei mindestens auf einer Ordinalskala angeordnet werden können. Eine Nominalskala genügt also nicht. Die Gütekriterien sind zweckorientiert zu wählen.

Ratings können also rein ordinal, aber auch auf Basis einer metrischen Gesamtbewertung erstellt werden. Die von den Ratingagenturen betriebenen Rating-Verfahren nehmen in der Regel eine ordinale Reihung der beurteilten Finanztitel und finanziellen Ansprüche vor. "Eine Maßzahl für das Risiko wird nicht angegeben, sondern nur die Einschätzung der Agentur, ob der beurteilte Finanztitel riskanter oder weniger riskant ist als andere Titel"[14].

Unter einem Ranking versteht man die Herstellung einer Rangfolge von Objekten gemäß einem Zielkriterium. Ein Ranking - insbesondere auf Basis einer metrischen Gesamtbewertung - kann immer in ein Rating transformiert werden, wogegen der umgekehrte Weg, nämlich ein Rating in ein Ranking zu verfeinern, in der Regel nicht eingeschlagen werden kann. Daraus folgt, daß Rankings gegenüber Ratings Vorteile aufweisen, weil die der Rangfolgebildung zugrunde liegenden Kriterien für eine vertiefende Argumentation Verwendung finden können.

Im Bankenbereich sind Rating-Prozesse von Kreditwürdigkeitsprüfungen entgegen Meinungen in der Literatur[15] immer schwerer abzugrenzen: Auch Banken können als Ergebnis ihrer Kreditwürdigkeitsprüfung als Endurteil

---

12 *Everling* (1995), Sp. 1601.
13 Vgl. *Büschgen* (1992), S. 1300.
14 *Steiner* (1992), S. 509.
15 Vgl. *Everling* (1991), S.21.

ein Rating für einen Kunden ausweisen. Die Aussage, Besicherungen seien kein Ersatz für fehlende Kreditwürdigkeit, sondern "integraler Bestandteil des Bonitätsurteils"[16], ist dann schwer haltbar, weil die Besicherung *neben* der Kreditwürdigkeit betrachtet wird.

Ratings können als eine Untergruppe der "Tools for informed investment decisions"[17] angesehen werden. Eine Einschränkung von Ratings auf den Zweck der "Wahrscheinlichkeit, daß Zahlungsversprechen nicht erfüllt werden können", erscheint auch schon für den Finanzbereich als zu eng. Denn es entstehen von Zeit zu Zeit neue Rating-Objekte, so z.B. die Beurteilung der Capital Strength von Banken. Auch dehnt sich der Rating-Gedanke innerhalb der Finanzwirtschaft auf andere Branchen und Objekte aus; hier sei nur auf den Bereich der Investmentfonds und den Versicherungsbereich verwiesen. Diese Feststellungen sind von Bedeutung, weil bestimmte Grundsätze über die ordnungsmäßige Erteilung von Ratings so allgemein formuliert sein sollten, daß sie über bestimmte Objektklassen hinweg gelten können.

2. Rating-Objekt und Rating-Zweck

Rating-Objekt und Rating-Zweck sind also keinesfalls an finanzielle Fragestellungen gebunden. Ein "Rating Places" beinhaltet z.B. die Beurteilung von Städten für potentielle Einwohner[18].

Die im Finanzbereich üblichen Ratings sind Emissionsratings und Emittentenratings. Es ist aber am Beispiel der schon erwähnten Lebensversicherungen zu erkennen, daß auch andere Finanzprodukte als Emissionen von Rating-Institutionen bewertet werden. Die Besonderheit von Ratings im Finanzbereich liegt allgemein in der übergeordneten Zwecksetzung, für wirtschaftliche Entscheidungen eine Unterstützung geben zu können. Dies beinhaltet eine *Zukunftsorientierung des Rating im Bereich der Finanzwirtschaft*. Auch bedeutet dies wegen der Unsicherheit der Erwartungen, daß das Urteil nicht sicher sein kann. Und das gilt unabhängig von dem Problem der Subjektivität, die bei fast jeder (zweckorientierten) Bewertung in Kauf genommen werden muß[19].

---

16 *Everling* (1995), Sp. 1607.
17 So eine Werbezeile des Investmenthauses Barra.
18 Vgl. z.B. das Ranking im Städte-Test des Spiegel (1996), Heft 47, S.52.
19 Vgl. dazu auch *Hirsch* (1996).

Die Frage ist, *welche* und *wessen* Entscheidung unterstützt werden soll. Und hier bestehen erhebliche Unterschiede der verschiedenen Ratings. Wenn Ratings entscheidungsunterstützend wirken sollen, müssen sie entscheidungsrelevante Informationen verarbeiten. Hierin liegt sicher ein wichtiger Vorteil der Ratings gegenüber den Prüfungen, die höchst objektiv und präzise einen Sachverhalt bestätigen, der für eine Entscheidung aber irrelevant oder kaum relevant sein mag.

3. Beziehungen zwischen Zwecken und Adressaten

Ein auf den Adressaten zugeschnittenes Ratingverfahren muß berücksichtigen, welche Ziele der Adressat verfolgt[20]. Die Kriterien, die für ein Rating herangezogen werden, sind daher unterschiedlich - je nach den Zielen der Adressaten[21]. Es ist auch durchaus möglich, daß in *einem* Rating-Verfahren *mehrere* Zwecke betrachtet werden, die dann auch mehrere Ratings über dasselbe Objekt implizieren. So vergibt das schweizerische FuW-Rating getrennte Noten für Wachstum, Investor Relations und Transparenz, eine Verdichtung zu einer Gesamtnote findet nicht statt[22]. Bei dem seit 1994 von dem Verfasser erweiterten RSW-Verfahren des manager magazins[23] werden zunächst zwei Ratings (fundamentale Performance und Börsen-Performance) ausgewiesen; eine Zusammenführung zu einem Gesamtwert wird dann aber möglich, weil die beiden Teil-Ratings als Rankings auf metrischer Basis ausgestaltet sind.

Einerseits muß also der Adressatenkreis definiert sein, und andererseits muß sichergestellt sein, daß die Ziele der Adressaten sich in der Auswahl der Kriterien des Rating widerspiegeln. Hier ist nach der Relevanz vorzugehen. Aus Sicht der Adressaten kann es dabei problematisch sein, "daß das Ratingverfahren meist vom Emittenten und nicht vom Adressaten des finanzanalytischen Urteils, etwa dem Investor, initiiert wird"[24]. Es besteht die Gefahr, daß der "Lieferant" dem "Kunden" Kriterien unterstellt bzw.

---

20 Vgl. *Kohlmann* (1996), S.122.

21 Vgl. die Gegenüberstellung von unterschiedlichen Objekten und Zielen des Rating bei *Steiner* (1992), S. 509.

22 Vgl. Verlag Finanz und Wirtschaft AG (1996).

23 Vgl. *Baden/Wilhelm* (1994) sowie die am Lehrstuhl für Finanzen und Banken der Universität Halle verfügbaren ausführlichen Erläuterungen.

24 *Everling* (1994), S.728.

unterschiebt, die in dieser Form nicht akzeptiert würden, wenn der Kunde selbst über die Kriterien entscheiden könnte.

Entscheidungslogisch bedeutet die Verdichtung der Ausprägung von Einzelkriterien zu einem Rating die Lösung einer multikriteriellen Aufgabe. Dabei kann es vorkommen, daß der Aggregationsprozeß zu der *einen* Note vom Adressaten nicht akzeptiert wird, weil er andere Aggregationsregeln verwenden würde oder weil er die Aggregation nicht versteht. Für den Bereich der Versicherungen wird in der Literatur dazu bemerkt: So "weisen an Verbraucher gerichtete Ratings systematische Nachteile auf, die vor allem in der Eindimensionalität ihres Urteils liegen"[25]. Dieses Argument aus dem Versicherungsbereich kann aber auch eine Schutzbehauptung einer Organisation darstellen, die einen auf genau einen Punkt gebrachten Vergleich scheut.

Solange über ein Objekt nur eine Note publiziert wird, kommt die Frage nach dem "normalen" Adressaten auf. So wurden Ratings von *Investmentfonds* bisher weitgehend eindimensional nach der Rendite vorgenommen. Bei theoretisch richtiger Berücksichtigung von Rendite und Risiko entsteht das Problem der Abwägung dieser beiden gegensätzlichen Kriterien[26]. Wirtschaftssubjekte weisen nun eine durchaus unterschiedliche Risikoneigung auf, so daß die Publikation nur *einer* Note eine Normierung des Risikos bedeutet - wie bei jeder Aggregation unterschiedlicher Kriterien.

4. Ratingagenturen

Ratings können keineswegs nur von Ratingagenturen als unabhängigen Institutionen erteilt werden. Vielmehr kommen auch Self-Ratings und Peer-Ratings in Betracht[27]. Allerdings ist nicht von der Hand zu weisen, daß vor allem Self-Ratings mit Vorbehalten zu betrachten sind. Und auch bei Peer-Ratings muß bedacht werden: Die Peers können sehr wohl ihre eigenen Interessen vertreten und auch Neuerungen behindern (sog. Old-Boys-Syndrom).

Weiter ist daran zu denken, daß auch die Adressaten selbst an einem Rating mitwirken können, wobei Intelligenz, Erfahrung und Bewertungs-

---

25 *Kohlmann* (1996), S. 122.

26 Vgl. zur Berücksichtigung dieser Kriterien in einem Analysesystem *Teegen* (1987).

27 Vgl. dazu *Saunders/Brown/Laverick* (1992).

fähigkeit dabei sicher sehr unterschiedlich ausfallen können und die Ergebnisse entsprechend verzerren können. Auch können die Adressaten als "Kunden" auf der Nutzerseite stehen und von daher ein Rating als Beeinflussungsinstrument gegenüber dem Anbieter im Sinne eines Bargaining verwenden.

Die Ratingagenturen im Finanzbereich sind Institutionen, die Ratings öffentlich zugänglich machen und sich über Erlöse finanzieren, die im wesentlichen von den am Rating interessierten Marktteilnehmern kommen. Die Erlösherkunft kann sich unter dem Einfluß des technischen Fortschritts ändern, wenn das Abrufen von Einzelinformationen verstärkt mit Preisen versehen werden kann, insbesondere durch Vertrieb der Information über Online-Dienste.

Die prozessuale Vorgehensweise der Agenturen zur Erteilung von Ratings wird in der Literatur[28] recht übersichtlich dargestellt. Am Ende der Rating-Prozedur "stimmt das Komitee über das festzusetzende Rating ab"[29]. Damit wird deutlich, daß in Ratingagenturen nicht nur ein mehrkriterielles Entscheidungsproblem auf der Ebene eines Analysten existiert, sondern daß auch ein *Gruppen*-Entscheidungsproblem gelöst werden muß. Dadurch verstärkt sich die Problematik einer Nachvollziehbarkeit des Ergebnisses.

Auch schon für eine einzelne Ratingagentur ist die Notenskala aus schwer verständlichen Gründen für bestimmte Rating-Objekte unterschiedlich weit[30]. Schwer zu rechtfertigen ist dabei besonders, wenn ein kurzfristiges Rating weniger Stufen als ein langfristiges aufweist. In gleicher Weise ist die Skalenbreite unterschiedlicher Ratingagenturen durchaus verschieden[31].

Vollkommen unbefriedigend aus Sicht der Adressaten ist die mangelnde Koordination der Ratingagenturen im Hinblick auf die Bezeichnung der erteilten Ratings. Die Beibehaltung unterschiedlicher Symbole für gleiche Bewertungen ist nur historisch zu erklären. Hier muß auf Dauer eine Änderung erfolgen[32], zumal es Institutionen wie Financial Times mit einem

---

28 Vgl. z.B. *Baum* (1987).
29 *Everling* (1995), Sp. 1604.
30 Vgl. etwa die "Ratings Definitions" in Standard & Poor's (1996).
31 Vgl. z.B. *ders.* (1991), S. 47, und *Serfling/Badack/Jeiter* (1996), S. 640.
32 Vgl. auch die Bestrebungen um eine Rating-Harmonisierung im asiatischen Raum bei *Baker* (1996).

Service "Credit Ratings"[33] gibt, dessen Inhalt es ist, die Ratings verschiedener Ratingagenturen für einen Emittenten übersichtlich nebeneinander aufzuführen. Die Transformationsaufgaben im Hinblick auf die Vergleichbarkeit muß der Leser aber weiterhin noch übernehmen.

Durch mehrere Ratings, die ein Emittent durch mehrere Ratingagenturen erhalten hat, entsteht das Problem der *Split-Ratings* und der Interpretation der Abweichungen in der zugrunde liegenden Beurteilung.

Die wirtschaftlichen Ziele der Ratingagenturen können in Analogie zum prüfenden Beruf[34] abgeleitet werden. Als Formalziel kann die Einkommensmaximierung unter Einhaltung einer bestimmten Ergebnisqualität (Mindestqualität) definiert werden. Eine andere, in der Privatwirtschaft eher weniger verfolgte Zielsetzung kann sein, bei gegebenem Erlös die Ergebnisqualität zu maximieren. Diese Zielsetzungen implizieren eine hohe Bedeutung der Qualitätskontrolle.

Die Ratingagenturen suchen sich im Sinne einer expansiven Unternehmenspolitik gezielt neue Felder für ein Rating aus, ganz im Sinne der eingangs erwähnten Tendenz zu mehr "Assurance Services". So wirbt Standard & Poor's im Bereich der strukturierten Finanzierung recht weitgehend: "Ratings and analysis for every structured transaction rated by Standard & Poor's"[35].

In der Presse wird auch kritisiert, daß die Agenturen durch ein "Bonitäts-Stripping", z.B. in Form des Bank-Financial-Strength-Rating, zwar ein globales Rating ermöglichen, daß dabei jedoch Länder- und Währungsrisiken ausgeklammert werden[36].

Neben den großen Agenturen haben sich inzwischen im Bereich neuer Rating-Anliegen entsprechend spezialisierte Ratingagenturen gebildet. So verzeichnet ein Bericht allein 17 Rating- und Research-Agenturen, die sich einem Rating nach ethischen und ökologischen Gesichtspunkten widmen[37].

Problematisch kann eine kulturell oder aufgrund etablierter Verhaltensweisen beeinflußte Erteilung von Ratings sein; so wird den US-Agenturen von der europäischen Praxis vorgeworfen, sie verstünden Europa nicht.

Die Agenturen unterliegen keiner besonderen Regulierung. Problematisch erweist sich ein Fehlen von Regulierungen immer dann, wenn

33 Vgl. Financial Times (o.J).
34 Vgl. dazu z.B. *Rückle* (1993), Sp.557.
35 Vgl. die entsprechende Werbebroschüre.
36 Vgl. *Engelen* (1995).
37 Vgl. Ökoinvest (1994), Nr.65, S.4.

schutzwürdige Interessen berührt sind. Die Interessen von Kapitalanlegern sind sicherlich schutzwürdig, wie auch die existierende Gesetzgebung zum Anlegerschutz belegt. Es ist darum unverständlich, warum der Gesetzgeber bisher keine Form der Regulierung - sei es auch nur eine Vereinbarung der Ratingagenturen selbst - verlangt. Damit steht in Zusammenhang, daß es ein Berufsrecht für Angehörige im Rating-Geschäft nicht gibt.

So bleibt festzuhalten, daß sich die Wissenschaft der Rating-Branche aus betriebswirtschaftlicher und wettbewerbspolitischer Sicht stärker zuwenden muß, damit Fehlentwicklungen vermieden werden.

III. Die praktische Bedeutung von Ratings

1. Empirische Ergebnisse zu der Bedeutung von Ratings

Ratings geben Einschätzungen wieder, die eine neue Information für den Markt beinhalten können, aber nicht müssen. Wissenschaftliche Untersuchungen[38] haben sich im Rahmen der empirischen Kapitalmarktforschung bisher vor allem mit der Frage beschäftigt, inwieweit die Ratingagenturen tatsächlich neue Informationen in dem Sinne für den Kapitalmarkt produzieren, daß sich die Kurse aufgrund von Ratingänderungen ebenfalls verändern.

Zunächst hat sich gezeigt, daß Ratingänderungen die Preisbildung des Marktes im Monat der Bekanntgabe und den drei folgenden Monaten stark beeinflussen[39]. Andererseits wurde für Anleihen festgestellt, daß sich Kursanpassungen schon sechs bis 18 Monate vor der Veröffentlichung des Ratings wahrnehmen lassen[40]. Der Markt hat also die Veränderungen antizipiert. Die "Meldung" enthält in diesem Fall keine neue Information[41].

Die Antizipation durch den Markt ist nicht nur mit dem Lernen des Marktes, sondern auch mit einem zu langen Überprüfungsrhythmus der Ratings zu begründen. Ratingurteile werden also oft nicht schnell genug angepaßt. So sind bei US-Anleihen teilweise sogar noch sechs Monate vor

38 Vgl. die umfassende Zusammenstellung bei *Steiner/Heinke* (1996), S. 586-588.
39 Vgl. *Grier/Katz* (1976), *Ingram/Brooks/Copeland* (1983).
40 Vgl. *Weinstein* (1977).
41 Vgl. zur Methodik der Untersuchung von Meldungen *Schmidt/May* (1993) und *Schmidt/Wulff* (1994).

dem Eintritt des Zahlungsverzugs Einstufungen in eine A-Kategorie und in bedeutendem Ausmaß in eine B-Kategorie festgestellt worden[42].

Kritik muß an der zu feinen Untergliederung von Ratings geübt werden. Die teilweise sehr differenzierte Untergliederung der Notenskala täuscht eine Genauigkeit der Entscheidungsrelevanz vor, die in der Praxis nicht gegeben ist. So kann aus empirischen Befunden zum Bond-Rating abgeleitet werden, daß die Notenskala im Bereich der besten Noten wohl stark aufgebläht erscheint. So weisen durch Moody's von in den oberen Klassen bewertete Anleihen praktisch keine Unterschiede in der Höhe der in der Rendite enthaltenen Risikoprämie auf, erst ab einem Rating von A3 (Moody's) ist ein kontinuierlicher Anstieg der Risikozuschläge zu verzeichnen[43]. Entsprechend liegen die Zahlungsstörungsquoten der Anleihen bis zum Rating A3 praktisch bei Null[44].

Einerseits kann also festgestellt werden, daß Ratings dem Markt neue Informationen zuführen. Andererseits sind Ratings auch mit Mängeln behaftet, die ihre wesentliche Ursache nicht nur in der Zukunftsorientierung haben, sondern die auch auch institutionell zu begründen sind, also insoweit den Ratingagenturen anzulasten sind.

2. Rating und Regulierung

Ratings können für die Finanzwelt eine wichtige Funktion erfüllen. Sie erlauben es, auf komplexe (staatliche) Regulierungen in verbaler Form zu verzichten und das Rating-Urteil zum Anknüpfungspunkt für Konsequenzen zu machen. Damit stellen Ratings für gewisse Problembereiche eine Alternative zur Regulierung durch Aufsichtsbehörden dar[45]. Man spricht deshalb in den USA von "Raters as Regulators" sowie von "Regulierung durch Rating"[46]. Und wenn das so ist, dann muß die Institutionalisierung von Ratings so beschaffen sein, daß die mit dem Vertrauen auf Ratings verbundenen Ziele nicht nur erreicht werden *können*, sondern in der Regel auch tatsächlich erreicht *werden*.

---

42 Vgl. *Altman* (1987).
43 Vgl. *Berblinger* (1996), S.47
44 Vgl. ebenda, S.48.
45 Vgl. dazu auch *v. Randow* (1996a).
46 *v. Randow* (1996a), S. 560.

Ratings haben teilweise erhebliche Konsequenzen für die Emissionsfähigkeit. So können bestimmte Wertpapiere nur mit einem oder mehreren Ratings begeben werden, oder Publizitätsvorschriften sehen ein Rating vor[47]. In diesem Zusammenhang wird es in der Praxis als problematisch angesehen, daß die SEC im Jahr 1975 gewisse Vorschriften bezüglich einer Mindestanzahl von Ratings in einer bestimmten Kategorie erlassen hat. So wird betont: "Under the wings of the SEC, the rating agencies have grown in stature and influence"[48]. Seit dieser Zeit hat die SEC so einem Oligopol der "Nationally Recognized Statistical Rating Organizations" (NRSRO) vorgesessen, für das es keine klaren Standards eines Eintritts in diesen Rating-Markt gibt[49].

Es wird auch kritisiert, daß die Agenturen privilegierte Insider seien, die sich in einem Interessenkonflikt befinden: Obwohl sie Dienste für Investoren erbringen sollen, erzielen sie den Großteil ihrer Erlöse bei den Emittenten[50]. Die Literatur stellt fest, daß die den Rating-Analysten zur Verfügung gestellten Informationen über das Informationsniveau des Aufsichtsrats hinausgehen[51]. Solche möglichen Informationsvorsprünge müssen unter dem Gesichtspunkt der Insiderproblematik gewürdigt werden.

Bestimmungen zur Beachtung von Ratings durch die Teilnehmer am Primär- und Sekundärmarkt veranlassen Emittenten zur Beantragung eines entgeltlichen Rating; dieser Anreiz zum Rating wird durch die allgemeine Akzeptanz von Ratings verstärkt[52], so daß sich Ratings auch ohne jede Vorschrift durchsetzen und für die Emittenten zu einem Muß werden können. Dabei stellt sich die Frage, wie sich ein Emittent ein für ihn günstiges Rating "besorgen" kann: das Problem des *Rating Shopping* kommt auf. So bewerten kleinere und damit jüngere Ratingagenturen Anleihen systematisch höher als die beiden weltweit größten Agenturen[53]. Die Unabhängigkeit der Ratingagenturen stellt somit in ähnlicher Weise wie bei den Wirtschaftsprüfern ein Problem dar. Sie kann gefährdet sein, weil sich junge Ratingagenturen erst ihren Kundenkreis schaffen müssen und Interessenkonflikte entstehen können.

---

47 Vgl. *Gündling/Everling* (1994), S. 730.
48 *Edwards* (1994), S.27.
49 Vgl. ebenda.
50 Vgl. *ders.*, S.28.
51 Vgl. *Gündling/Everling* (1994), S. 729.
52 Vgl. ebenda, S. 730.
53 Vgl. *Baumann* (1996), S. 113.

In letzter Zeit stellt sich mehr und mehr das Problem der Macht der Ratingagenturen, insbesondere der beiden großen Rating-Anbieter. Sogar die größten Banken der Welt werden von Ratings abhängig[54]. Eine besondere Problematik stellen in diesem Zusammenhang die von Moody's seit 1991 auch praktizierten auftragslosen Ratings dar[55], zu deren Zulässigkeit derzeit noch eine Untersuchung der Antitrust-Abteilung des US-Justizministeriums läuft[56]. Dazu paßt, daß Moody's die Emittenten bei einer Änderung eines Rating nicht anhört, während dies bei Standard & Poor's der Fall ist[57]. So bleibt die Frage, der sich jetzt auch die SEC zugewandt hat: ob aufgrund von Marktversagen eine Regulierung des Rating erfolgen soll[58].

Zwar wird eine Regulierung durch Rating sehr flexibel, auch ist durch Rating ein Überschreiten nationaler Rechtsgrenzen möglich. Auf der anderen Seite bestehen die Probleme des "Einkaufens" und "Verkaufens" von Urteilen in einem *privaten* Informationsmarkt.

IV. Ansätze zur Erteilung von Ratings

"Spricht man vom Rating als Methode der Finanzanalyse, so betont man seine prozessuale Komponente"[59]. In der Methodik der Gewinnung des Rating-Urteils gibt es entscheidende Unterschiede, hier soll eine Unterscheidung in drei Typen von Ansätzen vorgenommen werden.

1. Hermeneutische Ansätze

Hermeneutische Ansätze sind dadurch gekennzeichnet, daß *Experten* eine Fülle von Einzelinformationen zu einem Rating verdichten, ohne daß explizit eine Entscheidungslogik existiert, nach der das Urteil reproduziert werden kann. Es werden also Sachverhalte im Sinne der Zwecksetzung des

---

54 Vgl. den Bericht über die Beobachtung der Deutschen Bank durch Moody's bei *o.V.* (1996a): Das Investment Banking birgt Risiken für die Bewertung. Fünf Monate später verlor die Deutsche Bank ihr Triple A bei Moody's.

55 Vgl. *Engelen* (1996) und *Schwimmer* (1996) sowie aus rechtswissenschaftlicher Sicht *v. Randow* (1996b).

56 Vgl. *Engelen* (1996).

57 Vgl. *Connolly* (1994).

58 Vgl. dazu auch *v. Randow* (1996b).

59 *Gündling/Everling* (1994), S. 727.

Ratings gedeutet bzw. interpretiert. Die Sachverhalte können dabei in qualitativer, aber auch quantitativer Form vorliegen. So geht es z.B. um die sicher schwierige Beurteilung der Managementqualifikation[60]. Auch "Qualitätsbewertungen" durch Börsendienste, z.B. in Form einer bestimmten Anzahl von "Diamanten"[61], sind als hermeneutische Ratings konstruiert und unterliegen erheblichen Einwänden.

Hermeneutische Ansätze können wohl mit Schwierigkeiten des Messens gerechtfertigt werden, aber auch mit der Möglichkeit des Eingehens auf die Besonderheiten des Einzelfalles. Solche Ansätze weisen damit sicherlich Vorteile auf, denen aber der Nachteil besonders starker Subjektivität gegenübersteht. Und diese Subjektivität kann im Zusammenhang mit den oben erörterten Beziehungen der Agenturen zu Emittenten und Investoren zu einem Problem werden.

2. Regelbasierte Ansätze

Regelbasierte Ansätze zur Herleitung von Ratings sind typisch für die seit Ende der sechziger Jahre vor allem von den USA betriebene Insolvenzforschung[62] sowie auf die auch in Deutschland seit Mitte der achtziger Jahre vorgenommenen Aktien-Ratings[63].

Die regelbasierten Ansätze leiten das Urteil aufgrund eines komplexen, aber explizit definierten Regelsystems ab. Das Regelsystem kann dabei durch ein mathematisch-statistisches Verfahren[64] oder durch Befragung von Experten entstehen.

Regelbasierte Ansätze im hier definierten Sinne können durchaus auch auf qualitativen Informationen beruhen. Dann sind allerdings die qualitativen Informationen vor der Abgabe des aggregierten Gesamturteils in quantitative Informationen zu transformieren. Die einfachste Transformation besteht in einer Null-Eins-Aussage, die z.B. aus der Prüfung "Kriterium ist erfüllt - Kriterium ist nicht erfüllt" abgeleitet und numerisch interpretiert wird. Das Aggregationsproblem mehrerer solcher transfor-

60 Vgl. dazu *Kohls/Marciwiak* (1993).
61 So bei dem Börsendienst "Böse-Aktuell".
62 Beginnend mit *Altman* (1967).
63 Vgl. solche Verfahren bei Baden (1992) und vor allem das RSW-Verfahren bei *Schmidt/Wilhelm* (1987) sowie *Schmidt* (1990).
64 Vgl. dabei zum Ansatz künstlicher neuronaler Netze *Krause* (1993), *Baetge* (1994) sowie *Baetge/Sieringhaus* (1996).

mierter Bewertungen besteht dann in gleicher Weise wie bei rein quantitativen Informationen. Insbesondere können hier wissensbasierte Systeme eingesetzt werden, die eine zwingende Entscheidungslogik zur Urteilsableitung enthalten.

Es ist auch feststellbar, daß Ratingagenturen für Teil-Anwendungsbereiche die Art des Verfahrens wechseln; so beurteilt Standard & Poor's Versicherungen nur nach dem regelbasierten Verfahren[65], während von der Agentur üblicherweise auch nach der hermeneutischen Methode vorgegangen wird.

Insgesamt haben die regelbasierten Ansätze den entscheidenden Vorteil, daß sie *Reproduzierbarkeit* gewährleisten können und damit die *Überprüfbarkeit* ermöglichen. Dieser Vorteil wird besonders deutlich anhand einer Software der Chemical Bank, mit deren Hilfe ein Anleihe-Rating simuliert werden kann[66]. Für den Aktienbereich erlaubt eine von dem Verfasser konzipierte und implementierte Software, das RSW-Rating des manager magazins explizit zu überprüfen bzw. neuen Unternehmen ein Rating zuzuweisen[67].

Die regelbasierten Ansätze müssen sich aber auch Kritik gefallen lassen: Die am Anfang stehende Kriterienauswahl bleibt bis zu einem gewissen Grad subjektiv. Und die Verknüpfungsvorgänge zu dem Endurteil können auf subjektiven Gewichtungen beruhen - ein besonderes Problem der Scoring-Modelle. Deshalb gilt auch für regelbasierte Systeme: "Rating ist objektiv subjektiv"[68].

Andererseits lassen regelbasierte Systeme durchaus eine benutzerindividuelle Bewertung zu, wenn nämlich die allgemeinen Ausgangsinformationen zur Verfügung gestellt werden und dann eine subjektive Gewichtung stattfinden kann - neben der Standardbewertung aufgrund der vorher festgelegten Standardgewichtung. Noch mehr Flexibilität wird erreicht, wenn unterschiedliche Rating-*Modelle* für ein Rating zur Auswahl gestellt werden[69].

---

65 Vgl. *Velker* (1994).
66 Vgl. Chemical Bank (1989), S.5.
67 Vgl. manager magazin Verlagsgesellschaft mbH (1996).
68 *Hirsch* 1996.
69 Vgl. *Schmidt* (1995), Sp.838, sowie weitere technische Möglichkeiten bei *Wolf* (1995).

3. Kombinierte Ansätze

Bei den kombinierten Ansätzen wird sowohl die hermeneutische als auch die regelbasierte Vorgehensweise eingeschlagen. Kombinierte Ansätze beinhalten die Möglichkeit, daß *Teilurteile* regelbasiert abgeleitet werden. Es muß davon ausgegangen werden, daß die meisten Ratingagenturen nicht nur hermeneutisch vorgehen. Die Kriterien, nach denen geurteilt wird, werden von den Agenturen zum Teil detailliert offengelegt[70]; jedoch ist nicht bekannt, wie das Gesamturteil zustandekommt.

Transparenz der Vorgehensweise und der ausgewählten Kriterien erscheinen nicht ausreichend, um den Anwender zu überzeugen: "Dem externen Betrachter fehlt in der Regel jede Transparenz des Rating-Urteils, und es wird für ihn unmöglich, die Relation der verwendeten Kriterien sowie deren Vollständigkeit und Nachvollziehbarkeit zu überprüfen. Vielmehr wird eine Scheingenauigkeit vorgetäuscht, die zu schwerwiegenden finanziellen Konsequenzen führen kann"[71].

Die kombinierten Ansätze unterliegen daher bezüglich der Aggregation letzten Endes dem gleichen Einwand wie die hermeneutischen Ansätze. Es ist allerdings zu erwarten, daß durch den Einsatz der Künstlichen Intelligenz, insbesondere in Form von wissensbasierten Systemen, die Akzeptanz der kombinierten Ansätze zunehmen wird - und damit auch die Akzeptanz der Beurteilung qualitativer Sachverhalte. Dann werden solche Ansätze in Form wissensbasierter Systeme letzten Endes zu regelbasierten Ansätzen.

Wenn aber subjektive Elemente - zugegebenermaßen aufgrund der hohen Problemkomplexität - so stark überwiegen und wenn wichtige ökonomische Interessen im Spiel sind, müssen Wege beschritten werden, um zu gewährleisten, daß Ratings ordnungsmäßig erteilt werden.

V. Grundsätze ordnungsmäßiger Erteilung von Ratings

Sicher haben auch Ratingagenturen wie jedes Unternehmen ein internes Kontrollsystem und manche auch interne Grundsätze (Codes of Conduct). Und in Zeiten der Deregulierung klingt es merkwürdig, nach neuen Regulierungen zu rufen. Und es gibt auch Stimmen, nach denen ein

70 Vgl. z.B. die Angaben bei *Meyer-Parpart* (1996a), S. 123/24, S. 134 und S.164/65, sowie bei *demselben* (1996b).

71 *Jahn* (1995), S.513.

"Reputationsmechanismus" bei den Ratingagenturen dafür sorgen soll, daß sie sich von selbst ordnungsmäßig verhalten[72], so daß eine weitergehende Regulierung nicht erforderlich erscheint. Das Wettbewerbsproblem als Machtproblem wird jedoch dadurch wohl nicht gelöst.

Es geht bei der Schaffung solcher Grundsätze primär nicht um staatliche Eingriffe, sondern zunächst um erforderliche Selbstverpflichtungen einer Branche. Die Einhaltung solcher Selbstverpflichtungen sollte allerdings durch Berufsrecht und gegebenenfalls weitergehende staatliche Eingriffe bzw. Regulierungen kontrolliert werden. Verstöße sollten mit Sanktionen belegt werden. Dabei muß von vornherein *supranational* vorgegangen werden, weil von den Ratings *Unternehmen und Produkte auf globalen Märkten* betroffen sind. Nur national gültige Vereinbarungen oder Eingriffe erscheinen nutzlos.

1. Notwendigkeit der Schaffung von Grundsätzen

In der letzten Zeit fordert die Betriebswirtschaftslehre aufgrund von besonderen Schadenereignissen und Fehlentwicklungen im Bereich der Unternehmen besonders nach neuen Ordnungsmäßigkeitsgrundsätzen, und es sind inzwischen schon entsprechende Vorschläge gemacht worden. Kennzeichnend für diese Entwicklung ist das Erscheinen des Sonderheftes 36/96 der Zeitschrift für betriebswirtschaftliche Forschung über *Grundsätze ordnungsmäßiger Unternehmungsführung (GoF)*. Diese Grundsätze werden unterteilt in Grundsätze ordnungsmäßiger Unternehmungsleitung (GoU), ordnungsmäßiger Überwachung (GoÜ) und ordnungsmäßiger Abschlußprüfung (GoA)[73].

Die drei Untergruppen von Grundsätzen werden jeweils weiter in *allgemeine und besondere Grundsätze* unterteilt, die besonderen Grundsätze werden in *Handlungsgrundsätze und Systemgrundsätze* aufgespalten. Die Systemgrundsätze wiederum bestehen aus Aufgabengrundsätzen, Organisationsgrundsätzen, Kooperationsgrundsätzen und Personalgrundsätzen. Hier wird deutlich, daß ein *System von Grundsätzen* angestrebt wird, das durch Hierarchiebildung gekennzeichnet ist.

Auch von den Ratingagenturen selbst wird teilweise die Notwendigkeit einer Standardisierung der Vorgehensweisen zur Erteilung von Ratings

---

72 Vgl. *v. Randow* (1996b), S. 150.
73 Vgl. *v. Werder* (1996).

inzwischen auch erkannt. So streben Ratingagenturen aus Asien eine Harmonisierung an[74].

Solche Grundsätze sind zunächst nicht rechtlich verbindlich. Aber: "Je unabweisbarer die ökonomischen Erwägungen ... sind, desto näher liegt es für den Juristen, die betriebswirtschaftliche Bewertung unverändert in eine rechtliche zu transformieren"[75]. Und rechtlich sind betriebswirtschaftliche Grundsätze "im Prozeß erforderlichenfalls in Form eines Sachverständigengutachtens zum Gegenstand der Beweiserhebung zu machen"[76] Damit sind solche Ordnungsmäßigkeitsgrundsätze auch von Interesse für Gutachter in Rating-Angelegenheiten[77], vor allem aber für die Rechtswissenschaft.

2. Ansatzpunkte für die Herleitung von Grundsätzen

Von der Literatur werden durchaus schon Anforderungen an Rating-Systeme gestellt; diese Anforderungen betreffen aber nur die Konstruktion solcher Rating-Systeme, nicht den (umfassenderen) Prozeß der Erteilung von Ratings. So stellt beispielsweise *Farny* für den Bereich der Assekuranz folgende fünf Anforderungen an Rating-Systeme[78]: Adäquanz, Nachvollziehbarkeit, Genauigkeit, Aktualität sowie Unabhängigkeit der Rating-Erstellung von den bewerteten Unternehmen. Zu diesen Anforderungen sollen zunächst einige Anmerkungen gemacht werden.

Mit der Nachvollziehbarkeit wird nicht verlangt, daß der Anwender das Rating selbst überprüfen kann; die Informationen müssen nur plausibel erscheinen, sie dürfen aber auf keinen Fall unerklärlich bleiben[79].

Überprüfbarkeit ist dagegen zu fordern, wenn es zu einem Rechtsstreit kommt. "Überprüfbar ist eine Information dann, wenn alle verarbeiteten Einzelinformationen, ihre Quellen und insbesondere die Verdichtungs- und/oder Gewichtungsverfahren identifiziert werden können, die Ergebnisse also nachgerechnet - überprüft - werden können"[80].

Was die Aktualität angeht, so kann der Meinung von Schulz nicht zugestimmt werden, daß "die Aktualität als Aspekt der Genauigkeit zu berück-

74 Vgl. *Baker* (1996).
75 *Hommelhoff/Schwab* (1996), S. 172.
76 Ebenda.
77 Vgl. dazu *Piltz* (1989), S. 257ff.
78 Zitiert nach *Moll-Iffland* (1995), S. 1995f.
79 Vgl. *Schulz* (1995), S. 1476.
80 Ebenda.

sichtigen"[81] sei. Genauigkeit betrifft den Meß- bzw. Beurteilungsvorgang. Aktualität stellt daneben eine eigene, bei Ratings sehr wichtige Anforderungskategorie dar. So wird es in der Werbung der Ratingpraxis als Vorzug dargestellt, Ratings online und in Echtzeit beziehen zu können. Diese Form der Informationsbeschaffung bringt aber dann keine Vorteile, wenn die Ratings nicht aktuell sind. Es nützt dem Entscheidungsträger wenig, wenn er ein sachlich überholtes Rating "in Echtzeit" abrufen kann.

Für den gesamten *Prozeß* der Erteilung von Ratings können Anhaltspunkte zur Herleitung von Grundsätzen ordnungsmäßiger Erteilung von Ratings bei solchen Prozessen gefunden werden, die in der Praxis im Bereich bewertender und/oder bestätigender Handlungen vorkommen und für die bereits von der Wissenschaft oder einem Berufsstand entsprechende Grundsätze entwickelt worden sind.

In Anbetracht der vielen Grundsätze, die im Bereich der Wirtschaftsprüfung inzwischen aufgestellt worden sind, kann zunächst einmal überprüft werden, welche dieser Grundsätze davon auch für die ordnungsmäßige Erteilung von Ratings Verwendung finden können. Ein Blick in das WP-Handbuch zeigt eine schon unübersichtliche Fülle vorhandener Grundsätze[82]. Damit geht man (zunächst) induktiv vor, indem man vorhandene Grundsätze in ihrer Bedeutung für das Rating würdigt. Dann sollte in Kenntnis der vorhandenen Grundsätze der Weg der Deduktion gewählt werden.

Als Grundsätze, deren Übertragung auf das Rating ganz oder teilweise Frage kommt, seien vor allem genannt:

— die Grundsätze ordnungsmäßiger Abschlußprüfung (GoA)[83]
— die Grundsätze zur Durchführung von Unternehmensbewertungen[84]
— die Grundsätze ordnungsmäßiger Unternehmensbewertung nach *Moxter*[85].

In Anlehnung an die Gegebenheiten bei den GoA[86] sind können Grundsätze für den Rating-Prozeß einer Agentur für *Auftragsannahme, Verfahrensdurchführung und Urteilsmitteilung* geschaffen werden.

---

81 Ebenda.

82 Vgl. die Stichwortverzeichnisse zur Stichwortgruppe "Gundsatz" im WP-Handbuch (1992), S. 665, und WP-Handbuch (1996), S. 1883 f.

83 Vgl. dazu z.B. *Rückle* (1993) und (1996).

84 Vgl. Grundsätze zur Durchführung von Unternehmensbewertungen (1983) sowie Ministerium der Finanzen (1990).

85 Vgl. *Moxter* (1983).

86 Vgl. *Rückle* (1993), Sp. 556.

Besondere Bedeutung kommt der Verfahrensdurchführung zu, wobei
- Art und Ausmaß der Handlungen zu beschreiben sind,
- die Würdigung der erhaltenen Information - das Rating-Verfahren - ordnungsmäßig sein muß,
- die Metaprozesse der Planung, Überwachung und Dokumentation der Ratings ordnungsmäßig gestaltet sein und auch entsprechend durchgeführt werden müssen.

Für die *Verfahrensdurchführung* (einschließlich Verfahrensaufbau) erscheinen neben den oben aus der Literatur über Ratings genannten Anforderungen die folgenden Grundsätze beachtenswert:
- der Grundsatz der Gleichbehandlung
- der Grundsatz der Unparteilichkeit
- der Grundsatz der Wahrheit
- der Grundsatz der Klarheit
- der Grundsatz der Übersichtlichkeit
- der Grundsatz der Vollständigkeit
- der Grundsatz der Wesentlichkeit
- der Grundsatz der Methodenbestimmtheit
- aber auch: der Grundsatz der Methodenfreiheit (wo angebracht)
- der Grundsatz der Stetigkeit des Verfahrens
- der Grundsatz der eindeutigen Abgrenzung des Beurteilungsgegenstandes
- der Grundsatz eindeutiger Beurteilungsmaßstäbe
- der Grundsatz der Verwendung abgesicherter Beurteilungsunterlagen
- der Grundsatz der Analyse der Vergangenheit und der gegenwärtigen Situation
- der Grundsatz der Zukunftsbezogenheit
- das Risiko-Chancen-Prinzip (als inhaltliches Prinzip im Finanzbereich)
- der Grundsatz ordnungsmäßiger Prospektprüfung (als einer Detailaufgabe)
- der Grundsatz der Durchführung von Plausibilitätskontrollen
- der Grundsatz der Verfahrensökonomie.

Für die *Urteilsmitteilung* bzw. die agenturinterne Dokumentation können herangezogen werden:
- der Grundsatz der Berichterstattung (Existenz von Berichten)
- der Grundsatz der Berichtsklarheit
- der Grundsatz der Berichtswahrheit

— der Grundsatz der Einheitlichkeit der Berichterstattung
— der Grundsatz der Stetigkeit der Berichterstattung
— der Grundsatz der Verständlichkeit
— der Grundsatz der Wahrheit
— der Grundsatz der Wesentlichkeit
— der Grundsatz der sinnvollen Informationsvermittlung
— der Grundsatz der zeitnahen Berichterstattung.

Für die Metaprozesse ist der Grundsatz der Ordnungsmäßigkeit des internen Kontrollsystems zu beachten.

An dieser Stelle können die konkreten Inhalte der Grundsätze nicht dargestellt und diskutiert werden. Die Fülle und Bedeutung der anwendbaren und vor allem im Prüfungs- und Bewertungsbereich schon angewendeten Grundsätze läßt aber erkennen, daß die Rating-Branche sich solchen Ordnungsmäßigkeitsanforderungen nicht entziehen kann.

VI. Schluß

Die stürmische Entwicklung des Rating in den letzten Jahren ist von der Betriebswirtschaftslehre nicht durch eine entsprechenden Beschäftigung mit Ratingproblemen begleitet worden. Die Betriebswirtschaftslehre hat auch keineswegs den Ton für die Entwicklung des Rating angegeben. Andererseits ist immerhin festzuhalten, daß die *Entwicklung regelbasierter Rating-Systeme* - denen die Zukunft gehört - auf den Ergebnissen der empirischen betriebswirtschaftlichen Forschung aufbaut.

Um Probleme der Erteilung von Ratings durch Ratingagenturen zu lösen, kann man - wie die Zeitschrift "Institutional Investor" - die Meta-Aufgabe eines Rating ansprechen: "Rating the Rating Agencies"[87]. Vordringlicher erscheint es jedoch, die Ratingagenturen nicht mit einer einzigen Note zu versehen, sondern die hier geforderten und im Ansatz vorgestellten *Grundsätze ordnungsmäßiger Erteilung von Ratings zu entwickeln und anzuwenden*.

Damit kann die Frage nach der *Regulierung durch Rating* einerseits und nach der *Regulierung des Rating* andererseits beantwortet werden: Regulierung durch Rating ist zweckmäßig, aber nicht ohne eine gewisse Regulierung des Rating.

---

87 *o.V.* (1995).

Der weitgehend rechtsfreie Raum der Ratingagenturen birgt Probleme, denen sich Betriebswirtschaftslehre und Rechtswissenschaft mehr zuwenden müssen.

Literaturverzeichnis

Altman, E.I. (1968): Financial Ratios, Discriminant Analysis and the Prediction of Corporate Bankruptcy, in: Journal of Finance, Vol. 23, S. 589-609.

Altman, E.I. (1987): The Anatomy of High-Yield Bond Markets, in: Financial Analysts Journal, Vol.43, No. 4, S. 12-25.

Baden, K. (1992): Vergleichende Unternehmensbeurteilungen und Aktienkurse, Kiel.

Baden, K. , Wilhelm, W. (1994): Unternehmen des Jahres, in: manager magazin, Heft 11, S.97-123.

Baetge, J. (1994): Rating von Unternehmen anhand von Bilanzen, in: Die Wirtschaftsprüfung, 47. Jg., S. 1-10.

Baetge, J., Sieringhaus, I. (1996): Bilanzbonitäts-Rating von Unternehmen, in: *Büschgen, H.E., Everling, O.* (Hrsg.): Handbuch Rating, Wiesbaden, S. 221-249.

Baker, G. (1996): The batlle for Asia, in: Euromoney, Januar, S. 15-16.

Baum, B. (1987): Rating-Systeme und ihre Methoden, in: Mitteilungen aus dem Institut für das Spar-, Giro- und Kreditwesen an der Unibersität Bonn, Nr. 26, Dezember.

Baumann, M. (1996): Ratings für die Märkte, in: Wirtschaftswoche, Nr. 28, S. 111-113.

Berblinger, J. (1996): Marktakzeptanz des Rating durch Qualität, in: *Büschgen, H.E., Everling, O.* (Hrsg.): Handbuch Rating, Wiesbaden, S. 21-110.

Broschinski, G. (1995): Performancetest in der Vermögensverwaltung, in: Die Bank, Heft 11, S.650-655.

Büschgen, H.E. (1992): Das kleine Banklexikon, Düsseldorf.

Büschgen, H.E., Everling, O. (Hrsg.): Handbuch Rating, Wiesbaden.

Chemical Bank AG, Hrsg. (1989): Corporate Finance Analyse, Frankfurt am Main (vervielfältigt).

Connolly, J. (1994): Appeal policies differ for disputed financial ratings, in: National Underwriter, Vol. 98, No. 49, S. 47.

Edwards, B. (1994): Will the agencies be SEC puppets? in: Euromoney, November, S. 26-29.

Engelen, K.C. (1995): Bonitäts-Stripping, in: Handelsblatt vom 25.08.1995.

Engelen, K.C. (1996): Auftragslose Ratings bleiben rechtlich bedenklich, in: Handelsblatt vom 21.05.1996, S. B11.

Everling, O. (1991): Credit Rating durch internationale Agenturen, Wiesbaden.

Everling, O. (1995): Rating, in: *Gerke, W., Steiner, M.* (Hrsg.): Handwörterbuch des Bank- und Finanzwesens, 2. Aufl., Stuttgart, Sp. 1601-1609.

Financial Times (Hrsg.): Credit Ratings International, London.

Grier, P., Katz, S. (1976): Differential Effects of Bond Rating Changes, in: Journal of Accounting Research, Vol. 49, S. 226-239.
Grundsätze zur Durchführung von Unternehmensbewertungen (1983), Stellungnahme HFA 2/1983, Düsseldorf.
Gündling, H., Everling, O. (1994): Rating als Methode der Finanzanalyse, In: Die Bank, Heft 12, S. 727-731.

Hirsch, U. (1996): Rating ist objektiv subjektiv, in: *Büschgen, H.E., Everling, O.* (Hrsg.): Handbuch Rating, Wiesbaden, S. 657-672.
Hommelhoff, P., Schwab, M. (1996): Zum Stellenwert betriebswirtschaftlicher Grundsätze ordnungsgemäßer Unternehmungsleitung und -überwachung im Vorgang von Rechtserkenntnis, in: Zeitschrift für betriebswirtschaftliche Forschung, Sonderheft 36/96, S. 149-178.

Ingram, R.R., Brooks, L.D., Copeland, R.M. (1983): The Information Content of Municipal Bond Rating Changes, in: Journal of Finance, Vol. 38, S. 997-1003.

Jahn, E. (1995): Ratings als Bonitätsindikator - eine Analyse, in: Kreditwesen, 48. Jg., S. 510-513.

Kohlmann, P. (1996): Deregulierung und Ratinginformation im Lebensversicherungsgeschäft, in: Sparkasse, 113. Jg., S. 119-122.
Kohls, H., Marciwiak, W. (1987): Unternehmer- und Unternehmensbeurteilung, in: Betriebswirtschaftliche Blätter, 36.Jg., S. 468-476.
Krause, C. (1993): Kreditwürdigkeitsprüfung mit Neuronalen Netzen, Düsseldorf 1993.
Kubin, K.W. (1996): Das Prüfungswesen im 21. Jahrhundert - eine amerikanische Perspektive, Gastvortrag an der Martin-Luther-Universität Halle-Wittenberg, 14.06.1996.

manager magazin Verlagsgesellschaft mbH, Hrsg. (1996): Unternehmenstest und Aktienanalyse Deutschland 1996, Hamburg (Diskette mit Handbuch).
Meyer-Parpart, W. (1996a): Ratingkriterien für Unternehmen, in: *Büschgen, H.E., Everling, O.* (Hrsg.): Handbuch Rating, Wiesbaden, S. 111-173.
Meyer-Papart. W.P. (1996b): Finanzprogramm-Rating zur Sicherheit, in: FAZ, 21.05.1996, S. B10.
Moll-Iffland, E. (1995): Mehr Transparenz durch Ratings? in: Versicherungswirtschaft, S. 1596-1598.
Ministerium der Finanzen, Hrsg. (1990) : Hinweise für die Bewertung von Unternehmen, Berlin.
Moxter, A. (1983): Grundsätze ordnungsmäßiger Unternehmensbewertung, 2. Aufl., Wiesbaden.

o.V. (1995): Rating the rating agencies, in: Institutional Investor, Vol. 29, No. 4, S.32.
o.V. (1996a): Das Investment Banking birgt Risiken für die Bewertung, in: FAZ vom 19.07.1996.
o.V. (1996b): Der "Mercedes" setzt auf Rating-Kultur, in: WirtschaftsKurier, Juli, S. 18.

Piltz, D.J. (1989): Die Unternehmensbewertung in der Rechtsprechung, 2. Aufl., Düsseldorf.

Randow, P. v. (1996a): Rating und Regulierung, in: *Büschgen, H.E., Everling, O.* (Hrsg.): Handbuch Rating, Wiesbaden, S. 543-576.
Randow, P. v. (1996b): Rating und Wettbewerb, in: Zeitschrift für Bankrecht und Bankwirtschaft, 8. Jg., S. 85-164.
Rückle, D. (1993): Grundsätze ordnungsmäßiger Abschluprüfung, in: *Coenenberg, A.G., Wysocki, K.v.* (Hrsg.): Handwörterbuch der Revision, 2. Aufl., Stuttgart, Sp. 752-769.
Rückle, D. (1996): Grundsätze ordnungmäßiger Abschlußprüfung (GoA) - Stand und Entwicklungsmöglichkeiten im Rahmen des Gesamtsystems der Unternehmungsführung, in: Zeitschrift für betriebswirtschaftliche Forschung, Sonderheft 36/96, S. 107-148.

Saunders, J., Brown, M., Laverick, S. (1992): Research note on the best British Companies: A peer evaluation of Britain's leading firms, in: British Journal of Management, Vol. 3, No.4, S.181-195.
Schmidt, R. (1990): Rating börsennotierter Unternehmen, in: *Gerke, W.* (Hrsg.): Anleger an die Börse, Berlin et al., S. 55-88.
Schmidt, R. (1995): Fundamentalanalyse, in: *Gerke, W., Steiner, M.* (Hrsg.): Handwörterbuch des Bank- und Finanzwesens, Stuttgart, Sp.829-839.
Schmidt, R., May, A. (1993): Erklärung von Aktienindizes durch Pressemeldungen, in: Zeitschrift für Betriebswirtschaft, S.61-87.
Schmidt, R., Wilhelm, W., (1987): Rendite - Sicherheit - Wachstum - 300 Börsengesellschaften unter der Lupe, in: manager magazin, 17. Jg., Heft 11, S. 233-265.
Schwimmer, A. (1996): How far is too far? in: Investment Dealers Digest, Vol. 62, No. 7, S. 14-19.
Sönnichsen, C. (1996): Rating-Systeme am Beispiel der Versicherungswirtschaft, in: *Büschgen, H.E., Everling, O.* (Hrsg.): Handbuch Rating, S. 423-453.
Schulz, J. (1995): Ratings und Rankings zur Beurteilung von Lebensversicherungsunternehmen, in: Versicherungswirtschaft, S. 1474-1479.
Serfling, K., Badack, E., Jeiter, V. (1996): Möglichkeiten und Grenzen des Credit Rating, in: *Büschgen, H.E., Everling, O.* (Hrsg.): Handbuch Rating, Wiesbaden, S. 629-655.
Standard & Poor's, Hrsg. (1996): Ratings Handbook, July 1996, New York.
Steiner, M. (1992): Rating - Risikobeurteilung von Emittenten durch Rating-Agenturen, in: Wirtschaftswissenschaftliches Studium, Heft 10, S.509-515.
Steiner, M., Heinke, V.G. (1996): Rating aus Sicht der modernen Finanzierungstheorie, in: *Büschgen, H.E., Everling, O.* (Hrsg.): Handbuch Rating, Wiesbaden, S. 579-628.

Teegen, K. (1987): Aktien-Rating-Modelle in der Anlageentscheidung, in: Österreichisches Bank-Archiv, 35. Jg., S. 710-721.

Veba AG , Hrsg. (1996): Zwischenbericht 1. Januar - 31. März 1996.
Velker, L. (1995): Insurer ratings revised by S&P, in: Business Insurance, Vol. 29, No. 32, S. 3-4.
Verlag Finanz und Wirtschaft AG, Hrsg. (1996): Aktienführer Schweiz 96/97, Zürich.

Weinstein, M. (1977): The Effect of a Rating Change Announcement on Bond Price, in: Journal of Financial Economics, Vol. 5, S. 118-127.

Werder, A. v. (1996): Grundsätze ordnungsmäßiger Unternehmungsführung (GoF) - Zusammenhang, Grundlagen und Systemstruktur von Führungsgrundsätzen für die Unternehmungsleitung (GoU), Überwachung (GoÜ) und Abschlußprüfung (GoA), in: Zeitschrift für betriebswirtschaftliche Forschung, Sonderheft 36/96, S. 1-26.

Wolf, M.F. (1995): New Technologies for Customer Rating: Integration of Knowledge- Based Systems und Human Judgment, in: Intelligent Systems in Accounting, Finance and Management, Vol. 2, S. 290-301.

WP-Handbuch 1992, Band II, 10. Aufl., Düsseldorf 1992

WP-Handbuch 1996, Band I, 11. Aufl., Düsseldorf 1996

Die Rolle des Ratings an den internationalen Geld- und Kapitalmärkten aus der Sicht einer Ratingagentur

Wolfgang Meyer-Parpart
Leiter der Niederlassung Deutschland von Standard & Poor's
Frankfurt am Main

Inhaltsübersicht

I. Einführende Anmerkungen

Mit zunehmender Internationalität, Vielfalt und Komplexität an den Finanzmärkten steigt die Nachfrage der Marktteilnehmer nach einfachen, gleichzeitig aber auch zuverlässigen und umfassenden Informationen. Ratings sind ein Musterbeispiel für ein Instrument, das diesen Anforderungen entspricht. Dabei haben sich die Ratings von Standard & Poor's (S&P) im Laufe der Zeit als einfaches Hilfsmittel für die Beurteilung von Kreditqualität bei den Investoren durchgesetzt[1].

---

1 Dies zeigen die folgenden Zahlen: Heute ratet S&P festverzinsliche Wertpapiere von 5.600 Unternehmen, 13.000 Städten, Gemeinden, Ländern, Staaten und supranationalen Emittenten sowie 1.900 Emittenten von Commercial-Paper-Programmen. Ferner bewertet S&P über 4.000 Versicherungsgesellschaften in mehr als 70 Ländern der Erde und über 550 Investmentfonds.

Der folgende Beitrag geht zunächst auf die Gründe für die zunehmende Bedeutung von Ratings ein, skizziert dann den Ratingprozeß bei S&P, um bei der abschließenden Behandlung der rechtlichen Rahmenbedingungen vor allem einen Aspekt der Beziehung zwischen Emittent und Agentur im Zuge des Ratingprozesses aufzugreifen: die Kenntnis nicht öffentlicher Informationen seitens der Agentur.

II. Die zunehmende Bedeutung des Ratings

1. Ratings aus Emittenten- und Investorensicht

Die Bedeutung des Ratings steigt. Ursächlich hierfür sind die Entwicklungstrends im Finanzsystem, die den Informationsbedarf der Anleger erhöhen und damit den um Geld und Kapital konkurrierenden Emittenten einen Anreiz geben, diesem Bedarf zu entsprechen. Anleger und Emittent treffen zunehmend am offenen Markt zusammen, also ohne Zwischenschaltung eines Intermediärs (Disintermediation). Damit wächst das Problem der asymmetrisch zwischen beiden Parteien verteilten Information. Weitere Trends wie Globalisierung und Deregulierung verschärfen diese Schwierigkeit. Rating kann das Informationsproblem lindern, vor allem deshalb, weil es an den diesem Problem zugrundeliegenden Mechanismen ansetzt.

Mit einem Rating gelingt es Emittenten eher, neue Investorenkreise zu erschließen und so ihren steigenden Kapitalbedarf zu decken. Der kapitalsuchende Emittent wird für den Investor durch Ratings leichter einschätzbar und kann deshalb günstigere Konditionen erreichen als ohne Rating. Darüber hinaus sind Ratings renommierter Agenturen ein Instrument für die Finanzkommunikation des Emittenten mit Investoren (Investor Relations), gerade auch im internationalen Maßstab. Ratings entfalten ihre kommunikative Wirkung nicht nur durch Aktivitäten des Emittenten, sondern auch durch die Finanzkommunikation, die die Agenturen ihrerseits betreiben, so daß man Ratings auch als ein Instrument der gemeinsamen internationalen Finanzkommunikation von Emittent und Ratingagentur charakterisieren kann.

Obige Überlegungen werden durch die Ergebnisse einer Umfrage untermauert, die nach den Motiven von Emittenten für ein Rating fragte[2]:

---

2 Umfrage von *Kniese*, Institut für Entscheidungstheorie und Unternehmensforschung der Universität Karlsruhe, 1993.

— Reduzierung der Refinanzierungskosten (69%)
— Breitere internationale Akzeptanz (65%)
— Imageverbesserung (Investor-Relations-Maßnahme) (45%)
— Vorteile im Sekundärmarkt (37%)
— Markteintrittsbedingung (37%)
— Positive Auswirkung auf den Aktienkurs (18%)
— Feedback über die eigene Situation durch unabhängige Dritte (8%)
— Nicht notwendig (4%)

Anleger können einen Großteil ihrer Analysetätigkeit bezüglich der Gefahr von Zahlungsausfällen einstellen und die damit verbundenen Kosten einsparen. Denn mit einem Rating steht ihnen die auf klare und übersichtliche Symbole reduzierte und, ebenfalls sehr wichtig, aktuelle Bewertung der Kreditwürdigkeit von Schuldnern hinsichtlich bestimmter Zahlungsverpflichtungen zur Verfügung. Mit diesen Symbolen können die Anleger auch leichter ihre eigene Risikopräferenz in eine Anlagestrategie übersetzen und diese Strategie implementieren. Zudem erleichtern Ratings den internationalen Vergleich von Emittenten und Emissionen. Allerdings muß dem Investor klar sein, daß Ratings weder Empfehlungen zum Kauf, Verkauf oder Halten von Wertpapieren (Schuldtiteln) darstellen noch Aussagen über die Eignung bestimmter Wertpapiere für bestimmte Investoren sind.

An dieser Stelle tritt der Unterschied zwischen Ratingagenturen und Banken deutlich hervor: Banken führen zwar auch Analysen durch, allerdings mit dem Ziel, daraus Empfehlungen abzuleiten, die sie ihren institutionellen und privaten Kunden im Zuge der Anlageberatung nahebringen. Kommt es zur erstrebten Investmententscheidung, wickelt die Bank die Transaktion ab und führt das Depot.

Sicherlich hängt das der Analyse folgende Geschäft wesentlich von der Analysequalität ab, doch ist diese Verknüpfung eine potentielle Quelle von Interessenkonflikten, mit denen der Investor bei einem Rating nicht rechnen muß. Ähnlich wie mangelnde Unabhängigkeit der Ratingagentur verschlechterte auch mangelnde Neutralität die Ratingqualität und würde die Agentur im Markt gefährden.

Die unterschiedlichen Geschäftsausrichtungen führen dazu, daß zwischen Ratingagenturen und Banken kein Interessenkonflikt besteht. Jeder hat seinen Part hinsichtlich dessen, was die Marktteilnehmer erwarten:

Kein Interessenkonflikt zwischen Ratingagenturen und Banken

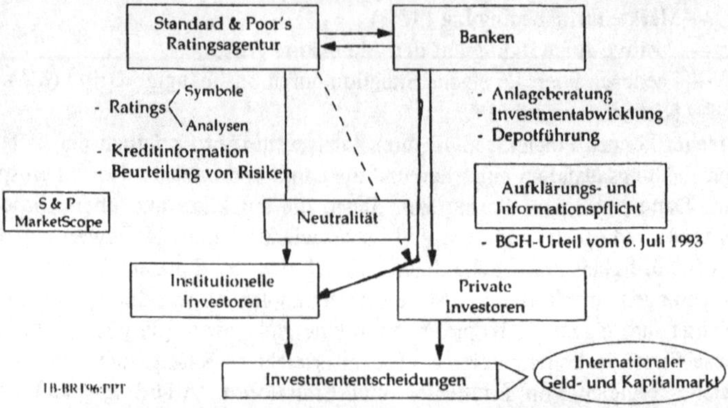

2. Ratingstufe und Wahrscheinlichkeit eines Zahlungsverzuges

Die oben skizzierten günstigen Effekte von Ratings auf die Beziehung zwischen Emittent und Investor treten natürlich nur dann ein, wenn die Ratings von gleichbleibend hoher Qualität sind. Die Güte von Ratings zeigt sich letztendlich darin, wie eng der Zusammenhang zwischen der Ratingstufe und der Wahrscheinlichkeit eines Zahlungsverzuges ist.

Zusammenhang zwischen Höhe der Ratingstufe und Wahrscheinlichkeit des Zahlungsverzuges

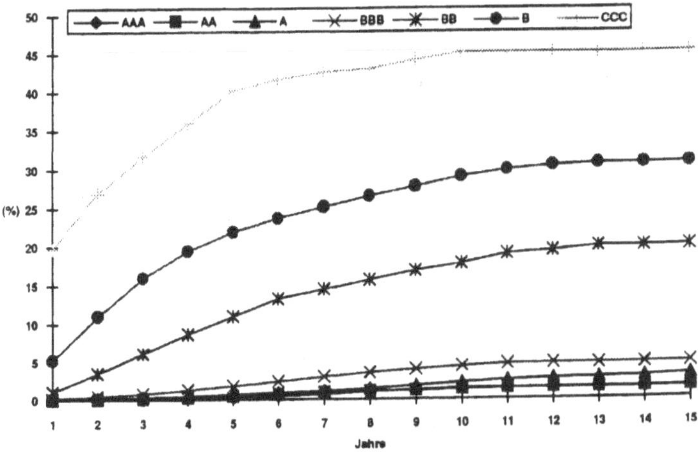

Quelle: Standard & Poor's, Ratings Performance 1995, Stability & Transition, Mai 1996.

Die Abbildung dokumentiert die hohe Qualität der S&P-Ratings: Die Ausfallwahrscheinlichkeit für die höchste Ratingstufe ist sehr gering; die Wahrscheinlichkeit eines Zahlungsverzuges innerhalb von fünfzehn Jahren beträgt nur 1,40 Prozent. Und die Wahrscheinlichkeitsstruktur ist in sich nahezu konsistent: Fast durchgehend liegt für jeden Zeitraum die Wahrscheinlichkeit bei einer Ratingstufe unter derjenigen der nächstschlechteren Stufe. Zugleich deuten die hohen Wahrscheinlichkeiten bei den Ratingstufen unter Stufe BBB an, warum ein großer Bedarf für vorausschauende Kreditanalysen besteht.

III. Der Ratingprozeß

Entscheidend für ein qualitativ hochwertiges Rating ist der Ratingprozeß. Bei S&P beginnt er damit, daß sich das Unternehmen vor der Emission

beantragt[3]. Nach der Mandatserteilung wird das Analystenteam zusammengestellt, das üblicherweise aus drei oder vier Personen besteht. Teammitglieder sind ein für die Branche zuständiger Analyst, der meist auch regelmäßigen Kontakt mit dem Emittenten hält, sowie Kollegen mit branchen- oder unternehmensspezifischen Kenntnissen. Das Team führt das Basisresearch durch, wobei es die öffentlich verfügbaren Informationen auswertet und so die Grundlage für das Treffen mit dem Emittenten erstellt. Hierbei vertritt im allgemeinen der Finanzvorstand das Unternehmen; werden strategisch wichtige Fragen erörtert, nimmt meist der Vorstandsvorsitzende teil. Einzelheiten zu den einzelnen Geschäftsbereichen werden von den Bereichsleitern referiert. Bei diesen Treffen erhält S&P häufig Kenntnis von nicht öffentlichen Informationen, die selbstverständlich streng vertraulich behandelt und ausschließlich für die Erstellung des Ratings verwendet werden.

Standard & Poor's Ratingprozeß

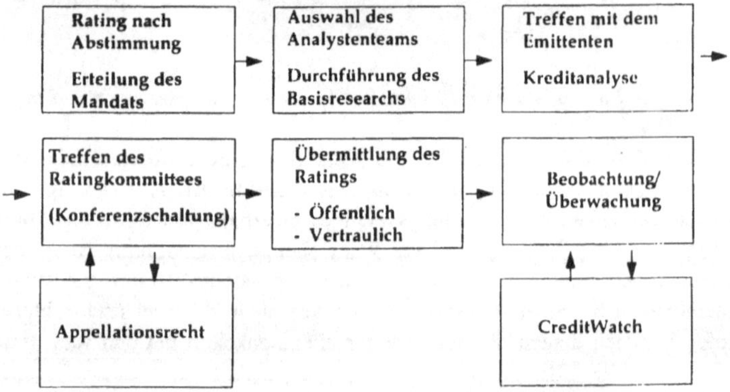

3 In Deutschland erstellt S&P Ratings nur auf Anfrage des Emittenten. Dagegen fertigt und veröffentlicht S&P in den USA Ratings auch ohne Anfrage der Emittenten für alle Unternehmensemissionen mit einem Volumen von über US-$ 50 Mio., die bei der SEC registriert wurden.

Das Analystenteam bereitet die gewonnenen Informationen[4] einer festgelegten Methodik folgend für das Ratingkomitee auf und gibt eine Ratingempfehlung ab. Dieses Komitee besteht üblicherweise aus sieben bis neun stimmberechtigten Mitgliedern. Nach Diskussion der vorgelegten Daten legt es das Rating fest.

Das Ergebnis wird dem Emittenten unter Angabe der wesentlichen Gründe mitgeteilt, damit er vor der Veröffentlichung die Gelegenheit zur Stellungnahme hat und möglicherweise weitere Daten beibringen kann. Könnten diese Daten eine Änderung des Ratings nahelegen, tritt das Ratingkomitee erneut zusammen. Dieser Prozeß erhöht weiter den Informationsgehalt und die Zuverlässigkeit des Ratings. Ist das Unternehmen über das Ergebnis informiert worden und hat es seine Zustimmung zur Veröffentlichung gegeben,wird das Rating in den Medien publiziert[5].

Mit der Veröffentlichung des Erstratings ist der Ratingprozeß nicht abgeschlossen. Eine entscheidende Determinante für den Wert, den die Marktteilnehmer einem Rating beimessen, ist seine Aktualität. Deshalb muß das Rating ständig beobachtet, überwacht und ggf. geändert werden. Diese Aufgabe erfüllt der zuständige Analyst, indem er permanent öffentlich verfügbare Informationen analysiert, Kontakt mit dem Emittenten hält und mindestens einmal jährlich zu einem Überprüfungsgespräch mit dem Unternehmen zusammentrifft.

Kommt der Analyst bei seiner kontinuierlichen Beobachtung zu dem Schluß, daß sich die Bedingungen so verändert haben könnten, daß möglicherweise das Rating geändert werden muß, führt er eine vorläufige Überprüfung durch. Bestätigt sich seine Vermutung, wird das Rating auf die CreditWatch-Liste genommen und eine umfassendere Analyse durchgeführt, die bis hin zum Veröffentlichungsprozedere wie die Erstbewertung abläuft. Die meisten Ratingänderungen sind Ergebnis der permanenten Überwachungstätigkeit der Analysten.

---

4 Ausführlich zum analytischen Vorgehen *Meyer-Parpart*, Ratingkriterien für Unternehmen, in: *Büschgen/Everling* (Hrsg.), Handbuch Rating, 1996, S. 111, 120 ff.

5 Bei Private Placements, Konsortialbankkrediten oder Kreditbewertungen liegt die Weiterleitung des Ratings an die Medien in den Händen der Unternehmen.

IV. Rechtliche Rahmenbedingungen im Zusammenhang mit Ratings

1. Standard & Poor's Geschäftspolitik hinsichtlich nicht öffentlicher Informationen

Wie oben geschildert, stehen die Mitarbeiter bei einem beantragten Rating während des Ratingprozesses in engem Kontakt mit dem Auftraggeber und erhalten dabei üblicherweise Kenntnis von nicht öffentlichen Informationen. Es ist für das Verhältnis zwischen Auftraggeber und Agentur, und auch für die Reputation der Agentur insgesamt, essentiell, daß sich das Unternehmen der vertraulichen Behandlung dieser Informationen vollkommen sicher sein kann. Dazu gehört, daß die Informationen nur S&P-Mitarbeitern zugänglich sind und ausschließlich zur Erstellung des Ratings verwendet werden.

Auf Wunsch des Kunden formuliert S&P auf kundenindividueller Basis einen "Engagement Letter", der die Vertraulichkeit zum Gegenstand hat. Der Engagement Letter ist Teil der Ratingvereinbarung.

Um die Einhaltung der vertraglichen und gesetzlichen Verpflichtungen hinsichtlich nicht öffentlicher Informationen zu gewährleisten, hat S&P mehrere Vorkehrungen getroffen:

Die S&P Ratings Group ist strikt von S&P MarketScope, der Aktienanalysegruppe, getrennt.

Alle S&P-Mitarbeiter sind dem Code of Business Ethics der McGraw-Hill Companies verpflichtet:

> "To employees of The McGraw-Hill Companies:
>
> Our company enjoys a long-standing reputation for integrity, trustworthiness, intellectual rigor, quality and ethical conduct. Each of us has played a role in building that tradition and each of us shares responsibility for maintaining it. Because this is an ongoing process, we produce each year a corporate policy on business ethics. It should serve as a guide for all of us."

Mit der Umsetzung dieses Codes soll die Reputation von S&P erhalten bleiben, die sich mit den Schlagworten Analysequalität, Neutralität, Integrität, Objektivität, Fairneß und User-Friendliness charakterisieren läßt.

Das Wertpapierhandelsgesetz vom 26. Juli 1994 hat einen Aspekt der Compliance auch in Deutschland in den Blickpunkt gerückt: den Umgang mit Insiderinformationen. S&P hat bezüglich der Insiderregelungen in §§ 12 ff. WpHG eine interne Richtlinie erstellt, die folgende Grundsätze enthält:

- Verpflichtung aus dem Code of Business Ethics
- Volle Kenntnis der neuen gesetzlichen Insiderregelungen
- Kein Wertpapierhandel für eigene Rechnung oder Dritte
- Keine Kauf- oder Verkaufsempfehlung
- Keine Verbreitung vertraulicher Informationen
- Kauf- und Verkaufsverbot für Wertpapiere durch Mitarbeiter bei Insiderinformationen

Um dem Informationsbedarf, insbesondere der Auftraggeber, Rechnung zu tragen, hat S&P folgendes Statement herausgegeben:

> "To whom it may concern
>
> Many issuers have asked S&P Ratings Group to explain S&P's policies regarding the use of insider information obtained by S&P in connection with the rating process in light of the recent adoptions in Germany of legal penalties on insider trading.
>
> Standard & Poor's Ratings Group welcomes the opportunity to state its policy and give general comfort on this matter to all German issuers.
>
> Standard & Poor's Ratings Group is aware of the restrictions imposed by German law on the use of insider information. Standard & Poor's Ratings Group does not deal (on its own account or on behalf of others) in securities. S&P ratings are not recommendations to buy, hold or sell securities. Information given to S&P Ratings Group in connection with the rating process is used solely in connection with the rating process and is held in confidence until it is released to the public in the form of a rating and accompanying rationale. S&P Ratings Group does not share information (other information than already made public) with any affiliated organization or third party. S&P Ratings Group's Code of Business Ethics strictly prohibits employees from trading securities (on their own account or on behalf of others) based on insider information. A violation of the Code is grounds for discharge. Each employee must on a yearly basis acknowledge, in writing, his or her obligations under the Code of Business Ethics.
>
> S&P Ratings Group has a policy of not signing individual confidentiality agreements. By treating insider information in the manner described above, S&P Ratings Group believes that its internal standard conform in all respect with German Law."

Diese Vorkehrungen zusammen bilden das Fundament, das gewährleisten soll, daß S&P den Ansprüchen seiner Kunden und den gesetzlichen Anforderungen gerecht wird.

2. Regulierung von Ratingagenturen

Im Gegensatz zu anderen Ländern unterliegen Rating und Ratingagenturen in Deutschland auch nach Inkrafttreten des Wertpapierhandelsgesetzes keiner speziellen Regulierung.

In den USA verleiht die SEC den Status einer Nationally Recognized Statistical Rating Organization (NRSRO) auf der Basis eines offenen Kriterienkataloges, der unter anderem folgende Punkte enthält[6]: Bewährung und Anerkennung der Agentur am Kapitalmarkt, Organisations- und Kapitalstruktur sowie finanzielle Unabhängigkeit der Agentur, Größe und Qualifikation des Mitarbeiterstabes, Nachweis systematischer, geordneter Ratingverfahren, Schutzmaßnahmen gegen den Mißbrauch von Insiderwissen und Absicherung gegen die Einflußnahme beurteilter Unternehmen. Standard & Poor's ist eine NRSRO. Die Regulierungsinitiative der SEC rührt zum einen daher, daß sie Zweifel an der Funktionsfähigkeit eines gänzlich unregulierten Marktes für Ratings zu hegen scheint, zum anderen knüpfen kapitalmarktgesetzliche Vorschriften an Ratings an, was wiederum Anforderungen an in diesem Zusammenhang zulässige Ratingagenturen notwendig macht.

Sollten Ratings auch in Deutschland Anknüpfungspunkt regulatorischer Vorschriften werden, dürfte das nicht ohne Rückwirkung auf die Regulierung von Rating und Ratingagenturen bleiben. Es ist hier nicht der Ort zu diskutieren, welche Konsequenzen die Verwendung von Ratings bei der Regulierung im finanziellen Sektor auf den Markt für Ratings haben könnte. Aber eine staatliche Regulierung von Ratingagenturen im Falle von Ratings ohne Regulierungsfunktion ist nicht notwendig. Der Wettbewerb am Markt für Ratings funktioniert. Die Macht des Marktes, die Interaktion von Investoren, Emittenten, Medien und sonstigen Marktteilnehmern, kontrolliert die Ratingagenturen.

---

6 *von Randow*, ZBB 1995, 140, 154 f.

Einführende Stellungnahme aus der Sicht eines Unternehmens

Gerhard Goll, Vorsitzender
des Vorstands der Badenwerk AG, Karlsruhe

Ich habe nicht das Problem, meine Firma "verkaufen zu müssen" und werde relativ kurz ein paar Punkte ansprechen, die in allen drei Referaten, teils nicht kontrovers, teils kontrovers behandelt wurden. Zu meiner Person. Ich war bis 1993 stellvertretender Vorstandsvorsitzender der Landeskreditbank Baden-Württemberg. Wir haben in der zweiten Hälfte der 80er Jahre Moody's ins Haus geholt. Und Anfang der 90er Jahre haben wir dann auch Standard & Poor's bemüht. Wir haben damit unglaublich viel Geld gespart, wir sind zu einem der größten internationalen Emittenten geworden und daraus können Sie ersehen, daß ich für das Rating rede. Das Wort "Warentest" von Herrn *Kübler* hat mir sehr gut gefallen. Herr *Schmidt* sprach von "Ranking". Dort, wo ich jetzt tätig bin, und wo wir geratete Anlagen kaufen, in der Energiewirtschaft, spricht man neuerdings von "Benchmarking". Es ist das Einordnen von Gegenständen in eine gewisse Rangordnung und Kategorie, aber es ist auch nicht mehr.

Ein paar negative und ein paar positive Erfahrungen. Positive Erfahrungen: Durch das Gespräch mit den Teams haben wir ein neues Denken hinzugewonnen. Uns sind neue Fragen gestellt worden. Uns sind vorher im wesentlichen die Fragen der Wirtschaftsprüfer gestellt worden. Das waren Fragen nach hinten. Die Ratingagenturen haben Fragen nach vorne gestellt. Ich sage ein paar Stichworte: Risiken nach anderen Kategorien, wie wir sie bisher in Deutschland uns vorgenommen hatten. Risikoklassen, Strategien, Planung überhaupt. Überhaupt die Frage nach Bilanzrelationen, die nicht die Wirtschaftsprüfer fragen, sondern Bilanzrelationen, die eine gewisse Aussage auf die Entwicklung des Geschäfts der Zukunft zulassen. Das war für uns eine zusätzliche Erkenntnisquelle, die uns im Geschäft weitergeholfen hat.

Ein zweites ist dieses Informationsbedürfnis der Ratingagenturen, auch außerhalb der periodischen Gespräche mit den Emittenten. Die Ratingagenturen sind dann besser unterrichtet als der Aufsichtsrat. Es gibt eine Bringschuld für die Emittenten, denn wenn sie die Information nicht dorthin geben, und die Ratingagentur erfährt es dann aus einer anderen Quelle, ist sie veranlaßt, vielleicht ein Downrating zu machen. Dieses Informationsbedürfnis ist etwas Positives, weil es das Unternehmen zwingt, bei allen Aktivitäten sich zu fragen, was werden die Mitarbeiter der Ratingagentur dazu sagen. Das ist sozusagen eine zusätzliche unternehmerische Kontrolle, die hilfreich ist. Und wenn der Aufsichtsrat nicht so viel weiß, ist er selbst schuld.

Ein dritter Punkt, der uns außerordentlich geholfen hat, war der, daß aus der Fülle der Beobachtungen in den einzelnen Branchen, jetzt nicht national, sondern international die Ratingagenturen ein Gespür dafür bekommen, was in der Welt passiert und dieses Gespür auch artikulieren. Emittenten bekommen regemäßige Berichte, nicht nur über das Bankensystem in Japan. Die waren Anfang der 90er Jahre ganz interessant, denn damals haben die Ratingagenturen schon gesagt, da sei nicht alles in Ordnung, obwohl man bei uns ja überall las, es sei etwas ganz Tolles. In allen Branchen gibt es eine internationale Beobachtung und diese internationale Beobachtung wird kommuniziert.

Jetzt komme ich auf ein par vermeintlich negative Punkte: nach meiner Erfahrung sind Ratingagenturen absolut keine Frühwarnsysteme. Zuerst klappte etwas nicht und dann wurde ein Downrating vorgenommen; nicht umgekehrt.

Ein weiterer Punkt, über den man diskutieren kann: Wie sieht es aus mit der Offenlegung und Standardisierung der Beurteilungskriterien und -ergebnisse? Es ist gesagt worden, man müsse diese Beurteilung so offenbaren, daß jedermann, auch der Jurist, die Beurteilung nachvollziehen kann. Auch der Emittent erfährt regelmäßig nicht alle Gründe, die zu einem bestimmten Ranking geführt haben. Das empfindet der Emittent als Problem, denn er will besser werden. Es hat aber auch eine andere Seite: Je mehr standardisiert wird, je mehr Erklärungen in die Öffentlichkeit gehen, umso mehr wird auch offenbart aus diesem Unternehmen. Außer dem Stichwort "Betriebsgeheimnis" müssen auch andere Stichworte dazu fallen.

Ein letzter Punkt: "Rating wider Willen". Es ist ein Unsinn der Ratingagenturen, wenn sie damit beginnen. Denn dann begeben sie sich auf das Richterfeld und werden mit ganz anderen Kriterien gemessen werden müssen als sie jetzt gemessen werden als "Warentester". Sie sollten das bleibenlassen, zumal in der Tat ein Rating "Widerwillen" oder ohne Willen vor dem Problem steht, daß die notwendigen Informationen aus dem Unternehmen nicht kommen und von außen nicht zu bekommen sind.

Fragen: Neutralität gefährdet durch Bezahlung?": Neutralität ist so sehr oder so wenig gefährdet wie beim Wirtschaftsprüfer, der wird nämlich auch bezahlt und soll ein neutrales Urteil abgeben. Die interne Aufarbeitung kostet viel mehr Geld als die Arbeit der Ratingagenturen.

"Soll man rechtlich etwas tun?" Ich warne dringend davor. Dann macht man die Geschichte unangemessen bedeutsam.

"Wie kann man sich denn wehren?" Das ist ein offenes Problem. Hierzu zwei Beispiele: eine ISO 9000, das Zertifikat für besonders umgeweltgerechte Gestaltung eines Unternehmens. Was mache ich, wenn ich die ISO 9000 nicht bekomme? Anderes Beispiel: Wir führen eine neue Technologie in der Müllverwertung ein. Das Umweltbundesamt beurteilt diese neue Technologie und sagt: "Das ist nichts.". Wie soll ich mich wehren?

Fazit: Ich rate von der Grundsatzdiskussion "ordnungsgemäßen Ratings" ab. Rating macht national keinen Sinn. Nur ein System rund um den Erdball mit den gleichen Regeln macht Sinn. Der Markt entscheidet am besten. Wenn ein Unternehmen sich entscheidet, sich von zwei bis drei Unternehmen beraten zu lassen, dann ist die Objektivität relativ schnell hergestellt. Internationalität und deutsche Grundsätze ordnungsgemäßen Ratings bringe ich schwer zusammen.

Ein Rat an die Emittenten: Je besser sie sind, umso besser kommen sie mit dem Rating zu Rande. Wenn sie auf das Rating verzichten wollen, und auf andere Weise dem Publikum klarmachen können, daß sie gut sind, dann brauchen sie die Ratingagentur auch nicht. Ende der Durchsage.

Stichwortverzeichnis

Nichtabnahmeentschädigung 3f; 12; 17; 20f; 33; 41; 59; 71; 73f; 91; 95; 101f

FSC
www.fsc.org
MIX
Papier | Fördert
gute Waldnutzung
FSC® C083411

Kolibri 360 GmbH
Ferdinand-Jühlke-Straße 7
99095 Erfurt, Deutschland
produktsicherheit@kolibri360.de